国家电网
STATE GRID

国网能源研究院有限公司
STATE GRID ENERGY RESEARCH INSTITUTE CO., LTD.

U0745818

2023
新型能源体系发展展望

国网能源研究院有限公司　编著

中国电力出版社
CHINA ELECTRIC POWER PRESS

国网能源研究
STATE GRID ENERGY RESEARCH

图书在版编目（CIP）数据

新型能源体系发展展望.2023/国网能源研究院有限公司编著.—北京：中国电力出版社，2024.3
ISBN 978 - 7 - 5198 - 8711 - 7

Ⅰ.①新… Ⅱ.①国… Ⅲ.①能源发展—研究报告—中国—2023 Ⅳ.①F426.2

中国国家版本馆 CIP 数据核字（2024）第 025575 号

出版发行：中国电力出版社
地　　址：北京市东城区北京站西街 19 号（邮政编码 100005）
网　　址：http：//www.cepp.sgcc.com.cn
责任编辑：刘汝青（010-63412382）　安小丹
责任校对：黄　蓓　常燕昆
装帧设计：张俊霞　赵姗姗
责任印制：吴　迪

印　　刷：三河市万龙印装有限公司
版　　次：2024 年 3 月第一版
印　　次：2024 年 3 月北京第一次印刷
开　　本：787 毫米×1092 毫米　16 开本
印　　张：5.75
字　　数：77 千字
印　　数：0001—1500 册
定　　价：128.00 元

声　　明

一、本报告著作权归国网能源研究院有限公司单独所有。如基于商业目的需要使用本报告中的信息（包括报告全部或部分内容），应经书面许可。

二、本报告中部分文字和数据采集于公开信息，相关权利为原著者所有，如对相关文献和信息的解读有不足、不妥或理解错误之处，敬请原著者随时指正。

序 言

经过一年来的艰辛探索和不懈努力，国网能源研究院有限公司（简称国网能源院）遵循智库本质规律，思想建院、理论强院，更加坚定地踏上建设世界一流高端智库的新征程。百年变局，复兴伟业，使能源安全成为须臾不可忽视的"国之大者"，能源智库需要给出思想进取的回应、理论进步的响应。因此，对已经形成的年度分析报告系列，谋划做出了一些创新的改变，力争让智库的价值贡献更有辨识度。

在 2023 年度分析报告的选题策划上，立足转型，把握大势，围绕碳达峰碳中和路径、新型能源体系、电力供需、电源发展、新能源发电、电力市场化改革等重点领域深化研究，围绕世界 500 强电力企业、能源电力企业数字化转型等特色领域深度解析。国网能源院以"真研究问题"的态度，努力"研究真问题"。我们的期望是真诚的，不求四平八稳地泛泛而谈，虽以一家之言，但求激发业界共同思考，在一些判断和结论上，一定有不成熟之处。对此，所有参与报告研究编写的研究者，没有对鲜明的看法做模糊圆滑的处理，我们对批评指正的期待同样是真诚的。

在我国能源发展面临严峻复杂内外部形势的关键时刻，国网能源院对"能源的饭碗必须端在自己手里"，充满刻骨铭心的忧患意识和前所未有的责任感，为中国能源事业当好思想先锋，是智库走出认知"舒适区"的勇敢担当。我们深知，"积力之所举，则无不胜也；众智之所为，则无不成也。"国网能源院愿与更多志同道合的有志之士，共同完成中国能源革命这份"国之大者"的答卷。

国网能源研究院有限公司

2023 年 12 月

前　言

党的二十大擘画了以中国式现代化全面推进中华民族伟大复兴的宏伟蓝图。在能源领域，强调要深入推进能源革命，加快规划建设新型能源体系。面对党和国家对能源行业提出的这一新命题，如何做出符合中国实际、具有中国特色的回答，要立足辩证唯物主义与历史唯物主义，坚持问题导向，将新型能源体系规划建设与百年未有之大变局下我国经济社会亟待解决的一系列重大实践问题紧密联系起来，与时俱进创新发展，更好筑牢中国式现代化的能源根基。

《新型能源体系发展展望2023》是国网能源院2023年度系列分析报告之一。本报告围绕新型能源体系的系统性认识展开研究，对其内涵特征及认识的方法论、总体实施路径、分阶段重大举措和保障机制建议等进行了研究。

本报告共分为4章。其中，第1章主要对社会各方关于新型能源体系的认识进行了概述，并提出了新型能源体系的内涵特征及认识的方法论，最后对近年来能源领域的重大战略部署进行了辨析；第2章构建了新型能源体系的总体实施路径，并从新能源发展、能源安全、能源治理体系和能力现代化、电力供应成本疏导等方面提出了具体路径；第3章提出了新型能源体系建设各主要阶段的重大举措；第4章分析了新型能源体系对能源体制机制的要求，并提出了关键措施建议。

在本报告的编写过程中，得到了国家电网有限公司相关领导及一些业内知名专家的大力支持，在此表示衷心感谢！

限于作者水平，虽然对书稿进行了反复研究推敲，但难免仍会存在疏漏与不足之处，期待读者批评指正！

编著者
2023年12月

目　录

序言
前言

1　新型能源体系的内涵及特征　　　　　　　　　　　　　　　　**1**

1.1　社会各方对新型能源体系的认识 …………………………… 2

　　1.1.1　概述 ……………………………………………… 2

　　1.1.2　电力行业 ………………………………………… 3

　　1.1.3　油气行业 ………………………………………… 4

　　1.1.4　煤炭行业 ………………………………………… 5

　　1.1.5　其他研究机构 …………………………………… 5

1.2　新型能源体系内涵及特征认识的方法论 ………………… 8

1.3　新型能源体系的内涵及特征 ……………………………… 18

1.4　新型能源体系及与相关能源战略部署的概念辨析 ……… 20

2　新型能源体系实施路径　　　　　　　　　　　　　　　　　**22**

2.1　新型能源体系总体实施路径 ……………………………… 23

2.2　新型能源体系七大实施路径 ……………………………… 24

　　2.2.1　推动新能源发展与新型能源体系的高质量衔接 ………… 24

　　2.2.2　将新型电力系统安全纳入国家能源安全体系
　　　　　通盘谋划 ………………………………………… 29

　　2.2.3　以法治建设推动能源治理体系和治理能力现代化 ……… 37

　　2.2.4　以能源消费高效化推动经济社会绿色转型 ………… 43

　　2.2.5　推动电网向能源互联网转型升级，创造新业态新模式 … 45

2.2.6 以数智化为抓手在现代化产业体系建设中发挥独特性
作用 ·· 52

2.2.7 多措并举、分阶段进行电力供应成本疏导，全社会
共享发展红利 ······································· 57

3 新型能源体系建设的分阶段重大举措 **60**

3.1 推动新能源高质量发展 ·· 61

3.2 提升能源电力安全发展水平 ···································· 62

3.3 推进能源法治化水平 ·· 63

3.4 全面提升能效水平 ·· 64

3.5 推进能源互联网建设 ··· 66

3.6 提升能源数字化、智能化发展水平 ······················ 67

3.7 合理疏导能源电力供应成本 ·································· 68

4 保障机制建议 **72**

4.1 新型能源体系对能源体制机制的要求 ················· 73

4.2 措施建议 ··· 74

4.2.1 建立健全"大能源"管理体系 ······················· 74

4.2.2 健全能源市场机制 ································· 74

4.2.3 优化能源科技创新体制机制 ···················· 75

4.2.4 建立促进低碳转型的市场机制 ················· 75

4.2.5 完善能源对外合作机制 ·························· 76

参考文献 ·· 78

致谢 ·· 79

1

新型能源体系的
内涵及特征

1.1 社会各方对新型能源体系的认识

1.1.1 概述

新型能源体系概念在党的二十大报告提出之前，虽有一些学者在文章中有提及，但并未给出明确的概念及内涵，也与党的二十大报告中提出新型能源体系的内外部政治经济大环境有较大差异，只是对能源体系结构和特征等出现较大变化的一种判断和描述。**2017 年，中国工程院发布重大咨询项目《构建新型能源体系》成果，** 指出能源革命的战略目标是在 2031—2050 年（能源革命定型期）形成 **"需求合理化、开发绿色化、供应多元化、调配智能化、利用高效化" 新型能源体系。**❶ **2022 年，中国工程院院士刘中民指出，** 构建新型能源体系要立足用好化石能源，以新思维审视传统能源生产与利用过程重塑的可能性及关键所在，通过新型能源体系的构建，促进工业结构全面升级。❷

关于党的二十大报告所提新型能源体系的解读，国家能源局党组书记、局长章建华指出， 加快规划建设新型能源体系，就是要向纵深推进能源革命，重点推进四方面任务。一是要推动能源生产消费方式绿色转型，大力发展非化石能源，推动化石能源清洁高效利用，推进终端用能清洁化低碳化，加快主体能源由化石向非化石转变。二是要建设韧性强的能源供应链，持续增强能源生产供给和储备调节能力，把握好新旧能源协调平衡，跨区域输送和区域自主平衡并重，推动供用能模式向多能互补、源网荷储一体化等转变。三是要形成现代化的能源产业体系，加强战略性前瞻性重大科技攻关，积极推进新型电力系统建设，推动现代信息技术和能源产业深度融合，加快构建智慧能源系统。四是要建立促进能源高质量发展的体制机制和政策体系，健全能源要素市场化配置

❶ 中国工程院 "推动能源生产和消费革命战略研究" 课题组 . 构建新型能源体系 [R]. 2017.
❷ 刘中民 . 构建新型能源体系 促进能源技术绿色低碳转型发展 [N]. 中国电力报，2022 - 04 - 22.

体系，激发各种新模式新业态发展活力，加快形成适应新型能源体系的制度保障。

1.1.2 电力行业

新型电力系统是新型能源体系的重要载体。**总体来看，电力行业关键认识聚焦于统筹好电力保供和能源转型，加快构建新型电力系统；加快能源电力数字化绿色化协同转型，数字电网要发挥关键载体作用；加强系统观念，进行多目标统筹优化；推进"风光水火储"多能互补，推动各类资源的协调开发和科学配置。**

具体来看，国家电网有限公司董事长辛保安指出，加快规划建设新型能源体系，体现了能源在经济高质量发展中的新定位、在社会主义现代化强国建设中的新作用，要增强忧患意识、居安思危，统筹电力保供和能源转型，推进煤电与新能源优化组合，加快构建新型电力系统，坚决保障能源电力安全供应，为确保能源安全、把能源饭碗牢牢端在自己手里提供有力支撑，为我国经济社会高质量发展提供新引擎，注入新动能。**中国南方电网有限责任公司董事长孟振平认为，**能源电力是绿色化、低碳化发展的关键环节，也是产业数字化、数字产业化的重要领域。加快能源电力数字化绿色化协同转型（以下简称"两化协同"），在以数字化引领绿色化发展、以绿色化带动数字化升级中形成良性循环，是新型电力系统和新型能源体系建设（以下简称"两型建设"）的必然要求，也是有效提升"两型建设"效能的关键所在。数字电网是"两化协同"的集中体现，在"两型建设"中发挥关键载体作用。**中国华能集团有限公司总经理、党组副书记邓建玲表示，**建设新型能源体系过程中必须统筹兼顾好四个目标：一是安全，立足我国能源资源禀赋，坚持底线思维，先立后破，推进化石能源有序减少和非化石能源可靠替代，提供充足可靠的能源电力供应；二是高效，坚持节能优先、提高能效，通过技术进步、产业升级、能源结构优化推动能源利用效率持续提升，以更低能耗和更少碳排放带来更大产出，推进电力基础设施数字化升级，推动源网荷储互动融合；三是清洁，大力发展可再生能源，加快推进新能源可靠替代，积极安全有序发展核电，协同推进减污降碳扩绿增长，推动形成绿色生产生活方式转变；四是低碳，完善能源消费总量和强度调控，向碳排放总量和强度"双控"转变，大力实施电能替代，打造深度低碳电力系统。**中国大唐集团有限公司党组书记、董事长邹磊表示**，大力推进"风光水火储"多能互补综合能源供给体系建设，以此推动各类资源的协调开发和科学配置，提升系统运行效率和电源开发综合效益。这是规划建设新型能源体系的必然选择，也是实现电力系统高质量发展的客观需要，对于促进我国能源转型和经济社会发展具有重要意义。**中国长江三峡集团有限公司党组书记、董事长雷鸣山表示**，构建新型能源体系，根本上是为了保障能源安全和经济社会发展需求。**中国工程院院士、国家电网有限公司一级顾问郭剑波表示**，要用系统观认识和规划建设新型能源体系，要从社会视角规划好新型能源体系，"安全底线"是规划设计出来的；要用系统观统筹好"矛盾三角形"，使新型能源体系在其新平衡态下健康发展；要加强体系的顶层设计，政策、标准、科技创新、多种能源耦合利用、数字化和智能化是体系运转顺畅的关键技术。

1.1.3　油气行业

油气是我国能源安全保障的最关键领域，未来要在新型能源体系中发挥更大作用。**总体来看，油气行业关键认识聚焦于以保障国家能源安全为首要目标，保障油气产业链供应链平稳顺畅运行；统筹好油气保供和能源转型，逐步形成"油气电氢汇"的新型产业格局；构建多能互补、协同高效的新型能源体系，新能源和传统化石能源进入大融合时代。**

具体来看，中国石油化工集团有限公司党组书记、董事长马永生表示，在建设新型能源体系目标指引下，新能源进入大发展时代，也将进入与传统化石能源大融合时代。要继续有序推进新能源与主业融合发展，构建多能互补、协同高效的能源体系，积极布局氢能、风能、光能、地热能、生物质能等新能源和清洁能源，提升非化石能源供给规模。**中国石油集团国家高端智库研究中心专职副主任、学术委员会秘书长吕建中指出**，规划建设新型能源体系需要注重传统能源与新能源的深度融合发展，采取集中式和分布式相结合的方式，因地制宜地多发展一些新能源"产消者"应用场景，保持一定的新能源供应冗余度，加快推进储能的规模化、市场化发展。

1.1.4 煤炭行业

煤炭是我国基础性能源，其在新型能源体系中的"压舱石"作用不可忽视。**总体来看，煤炭行业关键认识聚焦于发挥好煤电的兜底保障作用和系统调节作用；落实"两个联营"机制，支持清洁能源规模化发展和高效供给消纳；积极贡献新能源力量，拓展风电、光伏发电、生物质、氢能等业务发展；以传统能源产业为载体，可以逐步构建煤炭相关产业与新能源互补耦合的新型能源体系；推动煤炭产品向燃料煤与原料煤并举转变。**

具体来看，国家能源投资集团有限责任公司党组书记、董事长刘国跃表示，在保障能源安全稳定供应前提下，发挥好煤电的兜底保障作用和系统调节作用，落实两个联营协同发展机制，支持清洁能源规模化发展和高效供给消纳，大力推进"沙戈荒"大型风电光伏基地建设，促进煤炭和新能源优化组合，加强多能互补集成优化，实现传统能源和新能源互为支撑、有序替代，协同建设新型能源体系。**山东能源集团有限公司党委书记、董事长李伟表示**，建成新型能源体系，煤炭与新能源融合发展是必由之路，煤炭与新能源优化组合是必然选择。对外，煤炭企业联合国家电网、电力企业协同建设"西电东送"大通道，配合调控煤电、新能源发电上网，稳定输电电量；对内，煤炭企业拓展风电、光伏发电、生物质发电、氢能等新能源，积极贡献新能源力量。

1.1.5 其他研究机构

围绕"如何规划建设新型能源体系"，不仅能源行业自身提前规划布局，而且社会各界积极投入到新型能源体系的建设中来。当前社会各界人士也对新型能源体系进行了不同维度的解读。**总体来看，社会研究机构的关键认识聚焦于新型能源体系的结构、技术和消费模式都要有重大变化，相应的价格、投资、金融、考核等也要进行相应改革；电力作为一、二次能源转换的枢纽，在能源体系中居于核心地位；要统筹好能源电力安全保障与绿色低碳转型；产供储销用高效互动、风光水火储多能互补、电氢冷热气融合互济至关重要；新型能源体系是以保障能源供应为前提；技术的进步是基础，商业模式的创新是关键，体制机制变革是保障。**

具体来看，国务院发展研究中心资源与环境政策研究所副所长常纪文指出，在美丽中国建设和碳达峰、碳中和进程中，加快规划建设新型能源体系、纵深推进能源安全新战略，关键在于加快构建以风电和光电为主、其他绿色能源为辅的新型能源体系。在规划建设中，要科学部署，多措并举，把握好工作节奏，既要防止"一刀切"，也要制止齐步走。**国家气候变化专家委员会委员周大地表示**，新型能源体系要实现节能高效和清洁低碳等方面多轮驱动。而这个能源体系不但是能源结构要重大变化，能源技术要有重大变化，能源消费模式也要有重大变化，同时相应的价格投资，金融、标准考核等等这些体系也要进行相应改革，形成一个完善正常运行的、能够进行良性循环的绿色低碳转型。**中国国际经济交流中心科研信息部部长景春梅表示**，构建新型能源体系要把握好先立后破、有序推进的要求，尊重我国以煤为主的基本国情，充分考虑能源安全在保护和支撑地区经济发展中的重要作用。一方面，多措并举支持煤炭能源的高效利用，通过转移支付、税收优惠等措施促进其更好地发挥保供作用；另一方面，积极做好增量，大力发展新能源，通过对风光氢储制度的支持和科学公平的考核机制，进一步解决我国新能源外送和就地消纳的问题。**中国电力企业联合会党委书记、常务副理事长杨昆指出**，电力作为一、二次能源转换的枢纽，在能源体系中居于核心地位，是规划建设新型能源体系的关键。电力行业应全面贯彻落实党的二十大精神，统筹能源电力安全保障与绿色低碳转型，推动形成以电为核心，煤、油、气、核、可再生能源多轮驱动的新型能源体系，为经济社会全面转型发展提供清洁低碳、安全高效的坚实保障。**中国能源研究会理事长史玉波表示，**加快规划建设新型能源体系的关键在于构建新型电力系统。未来，随着非化石能源的大规模、高比例开发利用，能源体系将发生深刻变革，电力系统在构建新型能源体系中的作用将尤为凸显。**全球能源互联网发展合作组织驻会副主席刘泽洪表示，**新型能源体系是以保障能源供应为前提，以绿色低碳可持续为目标，统筹发展与减排、安全与转型，推动清洁能源"增"与化石能源"减"协同优化，产供储销用高效互动、风光水火储多能互补、电氢冷热气融合互济的现代能源体系。**中国工程院院士、中国矿业大学（北京）校长葛世荣表示，**"清洁、低碳、安全、高效"这 8 个字在新型能源体系里的顺序很重要。首先要考虑我国的能源安全，其次要兼顾环境安全。要在保障能源安全的基础上，确定非化石能源和化石能源所承担的保供比例。**中国工程院院士、上海交通大学碳中和发展研究院院长黄震表示，**新型能源体系是以新能源作为主体，传统的火电、煤电、气电，化石能源和核电作为一种保障性能源，最后要构建一个"高度电气化的，清洁、零碳、安全、高效的能源体系"。这种能源体系有一个非常大的特征，就是要从原来基于"地下化石能源资源开发的能源利用"，走向基于"技术创新的新能源的开发利用"。**中国工程院院士、中国科学院大连化学物理研究所所长刘中民指出，**新型能源体系的构建是传统化石能源与新型清洁能源此消彼长、互补融合的过程，是一项动态的复杂系统工程，而多能融合关键核心技术的突破是解决上述问题的必然路径。与此同时，应加强氢能、储能、核能、智慧能源等新兴领域的国际科技合作，通过技术合作与经验借鉴，主动融入全球清洁能源技术创新网络，推动我国自主优势清洁能源技术与产业输出。**中国工程院院士、新能源电力系统国家重点实验室主任刘吉臻表示，**建设新型能源体系必须明确煤炭的主体能源地位和支撑作用，立足于基本国情和资源禀赋以及实现"双碳"目标的历史性进程和阶段性进展，科学制定方法策略，任何偏颇和片面的认知都会造成不应有的损失。**华北电力大学新型能源系统与碳中和研究院院长王志轩表示**，新型能源体系的提出与新发展阶段、新任务、新能源形态、新发展模式相协调，更加突出了创新。规划建设新型能源体系既要立足我国现阶段能源消费及能源生产以煤为主的特点，也要立足我国新能源产业蓬勃发展的特点。**北京理工大学管理与经济学院应用经济系郝宇教授表示**，构建新型能源体系应首先进一步优化能源生产结构，全力推动能源生产加速向绿色化转型。在坚持传统化石能源短期内支柱性地位的同时应进一步拓展水力、风力、海洋、太阳能、氢能等多种能源获取渠道，搭建多能互补、产消协同、链条完整、有序替代的新型能源生产体系。**中国矿业大学原副校长姜耀东表示**，建设新型能源体系，要立足我国能源资源禀赋，促进煤炭等传统能源的清洁高效利用，促进煤炭等传统能源与新能源、可再生能源协同发展，推动煤炭与清洁能源技术、产业与模式的有机融合，实现煤炭等传统能源与新能源、可再生能源互为支撑，互相补充，互相促进。**北京大学能源研究院副院长杨雷表示**，构建新型能源体系是一场技术驱动的产业革命和社会革命，在这一过程中，技术的进步是基础，商业模式的创新是关键，体制机制变革是保障。**华为数字能源技术有限公司中国区副总裁熊亦晖表示**，新型能源体系的内涵非常丰富，主要在于"四新"。第一新是能源结构发生大变化，新能源作为发电主体；第二新是大量的新型电力电子设备的出现，作为新能源的技术与设备从业者，需要适应这一情况；第三新是新型数字化技术与新能源系统的结合，如何跨越信息化形成真正的数字化能力；第四新是新业态，未来能源是集中式与分布式并举，直供电、微电网会带来大量新业态的发展。

1.2　新型能源体系内涵及特征认识的方法论

党的二十大报告指出："十八大以来，国内外形势新变化和实践新要求，迫切需要我们从理论和实践的结合上深入回答关系党和国家事业发展、党治国理政的一系列重大时代课题。我们党勇于进行理论探索和创新，以全新的视野深化对共产党执政规律、社会主义建设规律、人类社会发展规律的认识，取得重大理论创新成果，集中体现为新时代中国特色社会主义思想。"报告同时强调了"坚持和发展马克思主义，必须同中国具体实际相结合。我们坚持以马克思主义为指导，是要运用其科学的世界观和方法论解决中国的问题，而不是要背诵和重复其具体结论和词句，更不能把马克思主义当成一成不变的教条。我们必须坚持解放思想、实事求是、与时俱进、求真务实，一切从实际出发，着眼解决新时代改革开放和社会主义现代化建设的实际问题，不断回答中国之问、世界之问、人民之问、时代之问，做出符合中国实际和时代要求的正确回答，得出符合客观规律的科学认识，形成与时俱进的理论成果，更好指导中国实践。"❶

总体来看，研究"新型能源体系"内涵及特征的方法论是：

立足辩证唯物主义与历史唯物主义，坚持问题导向，将新认识、新思路、新概念和新理论的产生与百年未有之大变局下我国经济社会亟待解决的一系列重大实践问题紧密联系起来，明确新理论的根本任务是回答并指导解决问题。

基于上述方法论，从党的二十大报告对能源领域提出的如下四方面要求出发，分析其背后反映的经济社会发展重大实践问题，进而对新型能源体系的内涵进行完整、准确、全面的理解和构建。

要求一：

深入推进能源革命，加强煤炭清洁高效利用，加大油气资源勘探开发和增储上产力度，加快规划建设新型能源体系，统筹水电开发和生态保护，积极安全有序发展核电，加强能源产供储销体系建设，确保能源安全和重要产业链供应链安全，增强维护国家安全能力。

---

❶ 习近平. 高举中国特色社会主义伟大旗帜 为全面建设社会主义现代化国家而团结奋斗——在中国共产党第二十次全国代表大会上的报告［EB/OL］. 2022 - 10 - 16. https：//www. 12371. cn/2022/10/25/ARTI1666705-047474465. shtml.

重大实践问题：

党的二十大报告提出："国家安全是民族复兴的根基，社会稳定是国家强盛的前提。必须坚定不移贯彻总体国家安全观，把维护国家安全贯穿党和国家工作各方面全过程，确保国家安全和社会稳定。"国家能源安全是国家安全的最重要基础之一，也是践行总体国家安全观的重要领域。报告中提到的政治安全、经济安全、传统安全和非传统安全等均与能源越来越紧密地联系在一起。例如，在政治安全方面，能源的地缘政治色彩更加明显，近年来传统油气格局由"两极"向"三极"的演化过程已经充分体现，叠加新能源、核电等关键能源品种在大规模发展中的阶段性"回摆"等现象，能源安全对国家自立自强更为重要。在经济安全方面，能源价格安全是主要考量，应考虑当前技术条件下能源清洁低碳转型带来的经济代价；化石能源产业作为支柱型行业，其退出和转型涉及经济社会各方面的利益调整对不同地区经济、旧有就业结构和存量资产产生的冲击；激进型降碳举措对经济社会可持续发展带来的不良影响，包括对高耗能项目搞"一刀切"关停，部分金融机构骤然对煤电等项目抽贷断贷等现象。在传统安全和非传统安全方面，传统能源系统安全稳定运行外，网络安全、金融安全、信息安全等各类新型风险不断出现，其相互间的传导链条更加复杂。

具体来看，安全始终是能源领域的根本性问题，百年未有之大变局下，"四个革命、一个合作"能源安全新战略的核心定位没有变，但内涵在持续丰富。一是立足经济社会大系统看能源电力"双碳"路径，特别是能源转型和高质量发展中的多目标协调策略和方式带来的安全性风险。能源转型是一项复杂的系统工程，能源安全、清洁低碳、经济三可和普惠共享四者间存在难以同步最优的挑战，需要充分认识到实现能源保供刚性目标是有代价的，系统成本上升无法有效疏导反过来将影响能源安全。二是能源安全风险的认知水平和预测预警能力问题凸显，前瞻性应对不足。全球能源格局不稳定性因素增多，"黑天鹅""灰犀牛"事件频发，我国面临多重能源安全风险，如供给安全风险、资源安全风险、生态安全风险、科技安全风险、供应链产业链安全风险、网络安全风险等，且具有复杂程度高、传导逻辑链条长等突出特征，有必要对能源安全潜在风险涉及的重大不确定性因素进行前瞻性辨识和预测预警。同时，实施碳达峰、碳中和目标，将加快提升电气化水平，能源安全保障压力向电力行业转移集聚。**三是**以新型电力系统为代表的能源基础设施呈现结构性脆弱新风险。新能源发电随机性、间歇性特征，长时段大幅度波动将给电力保供安全带来风险。随着高比例新能源、高比例电力电子设备和高自主性新客户的大规模接入，以及有源配电网发展，已经改变电力系统发展形态，现有电力系统稳定基础理论、控制基础理论以及电力系统运行安全等均面临严峻挑战。**四是**能源全产业链供应链风险评估和替代策略不健全。能源行业上游的战略性矿产资源、核心技术装备、关键零部件等已成为新一轮国际竞合的重点领域，需要在当前国际治理体系整体框架下，进行及时有效的风险评估，研究相应的替代策略。**五是**需超前谋划未来可再生能源资源大省可能出现的"资源截留"现象。随着未来碳空间的进一步收紧，以及新能源主动支撑技术、新型储能等相关技术的突破，可再生能源将逐步转化为地方经济社会发展的核心资源，送受端对可再生能源尤其是新能源的态度及其直接带来的配套政策可能出现大幅反转，利用各种政策工具进行"资源截留"。如何在经济社会转型发展大背景下，实现能源资源的宏观层面战略性安排和市场化灵活配置有效协同需要提前加以考虑，结合能源重大基础设施的长周期特征，给予相应的制度性安排。

要求二：

加快发展方式绿色转型，加快推动产业结构、能源结构、交通运输结构等调整优化。实施全面节约战略，推进各类资源节约集约利用，推动形成绿色生产和生活方式。

重大实践问题：

能源是国民经济的基础和命脉，能源行业不仅是国民经济的重要部门，也在持续牵引着国家产业结构升级和布局优化调整、交通运输配置能力升级等，同时也是质量强国、科技强国、数字中国等的重要应用领域和技术迭代场景提供者，更能为解决我国发展不平衡不充分问题、实现共同富裕提供重要助力。尤其是制造业，历史与实践表明，制造业是立国之本、兴国之器、强国之基。没有强大的制造业，就没有强盛的国家和民族。**习近平总书记强调："制造业特别是装备制造业高质量发展是我国经济高质量发展的重中之重"，提出"把推动制造业高质量发展作为构建现代化经济体系的重要一环"，要求"把实体经济特别是制造业做实做优做强"。**未来，我国产业结构调整和优化升级不会动摇制造业的定位，社会生产和生活方式的绿色转型离不开能源供给和消费模式深度调整，加快能源利用方式变革，将为制造强国、交通强国等强国建设提供发展更加科学合理的发展动力和平台载体，推动我国加快建成现代化经济体系。**能源领域要以更加科学合理的能源消费方式为人口规模巨大的中国式现代化提供物质基础，以更加集约高效经济的方式满足人民美好生活需要，全面节约始终是我国最重要的能源战略主线之一。**

从经济结构看，我国仍处于工业化进程中后期，根据历史发展经验，未来一段时期能源消费总量还有一定增长空间。锚定制造业强国发展远景，未来较长一段时期我国经济结构主体仍是第二产业。第二产业的单位增加值能耗较高，是第一产业和第三产业的 5 倍以上。近年来，我国第一、二、三产业增加值能耗分别为 0.136tce/万元、0.877tce/万元和 0.169tce/万元，第二产业分别为第一和第三产业的 6 倍和 5 倍。横向对比来看，西方发达国家第三产业比重较高。美、日、德、法、英等发达国家，第三产业的劳动已占总劳动的 70%～80%，比我国高 20～30 个百分点。即使是同为新兴国家的墨西哥、俄罗斯、巴西、南非，其第三产业比较也普遍高于我国 10 个百分点以上。

从能源禀赋看，立足我国社会主义现代化强国建设愿景，21 世纪中叶要达到中等发达国家生活水平，人均 GDP 超 4 万美元，人均能源消费量控制在 4t 左右，全社会二氧化碳排放总量控制在 50 亿 t 以内。与欧美日等国家地区相比，我国能源结构以高碳的煤炭为主，这也是导致能源消费总量相对较高的原因之一。与石油、天然气相比，煤炭的热效率较低，仅从燃烧综合热效率来看，煤炭的综合热效率在 60% 左右，而天然气的综合热效率在 90% 左右，石油的综合热效率在 85% 左右，这意味着满足同等规模的能源服务需求，消耗的煤炭要多于石油、天然气。另外，石油、天然气都是碳氢化合物，相比煤炭，提供同样热值时排放的二氧化碳更少，其中，石油单位热值碳排放是煤炭的 70%，而天然气单位热值碳排放仅为煤炭的 50%。我国能源结构以煤炭为主，不仅高于全球平均水平，更是远高于美国、欧盟，这也一定程度上造成我国控制能源消费总量的难度高于欧美国家。

从用能成本看，我国能源资源特征为"富煤、贫油、少气、多可再生"，导致我国原油、天然气与动力煤比价在国际上处于中等偏上水平，这意味着若大幅提升石油、天然气消费的比重，总体用能成本将不可避免地显著上涨。基于等热值法研究了国内能源比价和国际能源比价的关系，从过去几年平均水平来看，我国原油与煤炭比价为 2.8（即等热值的原油价格为煤炭的 2.8 倍），稍高于各国平均水平 2.5，工业用天然气与煤炭比价为 3.8，高于各国平均水平的 2.7。[1] 能源价格的稳定和可控对经济社会可持续发展至关重要，必须实施全面节约战略，推进各类资源节约集约利用。

要求三：

积极稳妥推进碳达峰、碳中和，立足我国能源资源禀赋，坚持先立后破，有计划分步骤实施碳达峰行动。完善能源消耗总量和强度调控，重点控制化石能源消费，逐步转向碳排放总量和强度"双控"制度。

重大实践问题：

党的二十大报告提出："必须坚持系统观念。万事万物是相互联系、相互依存的。只有用普遍联系的、全面系统的、发展变化的观点观察事物，才能把握事物发展规律。我国是一个发展中大国，仍处于社会主义初级阶段，正在经

---

[1] 左前明，周杰. 石油、天然气、煤炭比价关系研究［R］. 2022-03-25.

历广泛而深刻的社会变革，推进改革发展、调整利益关系往往牵一发而动全身。我们要善于通过历史看现实、透过现象看本质，把握好全局和局部、当前和长远、宏观和微观、主要矛盾和次要矛盾、特殊和一般的关系，不断提高战略思维、历史思维、辩证思维、系统思维、创新思维、法治思维、底线思维能力，为前瞻性思考、全局性谋划、整体性推进党和国家各项事业提供科学思想方法。"

实现碳达峰、碳中和是一场广泛而深刻的经济社会系统性变革，是一项复杂艰巨的系统工程，面临诸多严峻挑战。我国已对外承诺碳达峰、碳中和时间表，能源是"主战场"、电力是"主力军"，是承接全社会碳排放，以自身晚达峰助力全社会实现"双碳"目标的重要支撑。

未来，碳排放空间在经济社会发展中的稀缺属性将愈发突出，碳达峰、碳中和的实现过程就是全社会各行业发展模式、发展空间等的深度调整和良性竞争过程。 从能源供给看，要统筹能源高质量发展和安全，清洁低碳转型与保供，要实现传统化石能源清洁高效利用和波动性随机性新能源大规模发展间的科学衔接，有序推动能源体系的清洁化水平，满足经济社会可持续发展需要。**但必须认识到，碳达峰、碳中和的实现必须立足经济社会系统统筹，破解潜在根本性矛盾，找到最核心的驱动力，一是跨时代颠覆性重大技术的突破，二是实现各领域、各行业、各学科、各环节、各主体间有效协同的体制机制改革，尽快实现能源治理体系和能力的现代化。**

一方面， 当前技术条件下，如何实现"安全、经济、清洁、共享"四方统筹是全球各国面临的共性难题，破解的方式就是重大科技创新，包括基础理论突破、技术应用和工程示范、成熟商业模式形成等方面。"双碳"目标下，能源科技创新的继承性发展、前瞻性谋划、系统性布局和整体性重构是一项极其复杂的系统工程，不确定性极高，也面临着资本逐利性、地方政绩冲动等的冲击，既要尊重科技创新的客观规律，更要坚持自信自立、充分依托举国体制优势形成中国特色科技创新发展新模式。具体来看，要着力解决好当前"双碳"

目标下能源科技创新的顶层设计问题，形成涵盖继承性、紧迫性、颠覆性等，或单项级和系统级等不同维度的能源科技创新图谱，进行重大战略方向、优先攻关领域、多元技术路线协同和相互支撑关系、重要任务时间表和路线图、关键环节替代性策略预案、技术经济性水平和产业化能力不足、全球重大科技创新输入性"挤出"效应等问题的研判。在此基础上，尽快形成"双碳"目标与能源重大科技突破的一体化设计。

另一方面，适应"双碳"目标下各领域、各行业、各学科、各环节、各主体间利益重构的能源治理体系和治理能力仍存在较为明显的不适应性。**从能源体系内看**，能够反映能源商品属性、社会属性以及能源品种间比价效应的能源市场和市场机制尚未建立。应进一步明确政府和市场的边界、释放清晰价格信号，重点要打破省间壁垒、进一步优化营商环境，加快建立统一开放、竞争有序的能源市场，以此推动跨区域、跨能源品种的能源价格传导机制有效形成，这样才能推动各能源品种以更合理的节奏相互替代。**从治理主体看**，兼顾安全保障、资源环境、经济发展和民生保障等多重国家战略目标的现代能源治理体系仍不成熟，包括适应新形势的宏观调控模式，各部门合理分工、密切配合的能源治理格局，规划、运行、市场和应急的协调建设运行模式，以及能源监管体制等，各部门"各自为政"、多部门"九龙治水"的现象时有发生。**从治理方式看**，能源治理的法治化程度有待提升，应立足能源市场改革需求，将能源价格形成机制、市场交易机制、市场竞争机制等各方已达成共识、试验效果良好的政策成果及时上升为国家立法予以固化，稳定社会预期，保障能源治理有章可循又不丧失活力。在市场机制方面，各类市场主体地位应进一步巩固，各种所有制主体依法平等使用生产要素，公开、公平、公正地参与市场竞争，在要素获取、市场准入、企业经营等方面对市场主体一视同仁、平等对待，破除制约市场竞争的各类障碍和隐性"壁垒"，尤其防止对民营资本的"挤出效应"。

尤其从当前重要政策看，在宏观方面，能耗"双控"向碳排放"双控"转变的政策设计仍然有待形成清晰路径，需要充分考虑我国各地区和行业的经济发展水平差异较大的发展实际，科学安排能耗"双控"向碳排放"双控"过渡的制度安排，实现其与国家重大生产力布局、产业结构转移接续安排以及各地区差异化的生产生活方式等的统筹衔接。**在微观方面**，需要尽快完善碳要素相关的足迹跟踪和排放核算机制。碳排放统计核算是一项复杂的系统性工程，涉及多个领域、不同层级、多类主体和多种跟踪核算方式。目前全国及地方统一的碳排放统计核算制度仍有待完善，行业企业碳排放核算机制亟待完善，重点产品碳排放核算方法有待建立健全，国家二氧化碳清单编制机制仍需完善。碳市场、碳金融、碳资产管理等市场机制将在碳排放"双控"中发挥重要的基础作用。

要求四：

积极参与应对气候变化全球能源治理。

重大实践问题：

党的二十大报告指出："当前，世界之变、时代之变、历史之变正以前所未有的方式展开。一方面，和平、发展、合作、共赢的历史潮流不可阻挡，人心所向、大势所趋决定了人类前途终归光明。另一方面，恃强凌弱、巧取豪夺、零和博弈等霸权霸道霸凌行径危害深重，和平赤字、发展赤字、安全赤字、治理赤字加重，人类社会面临前所未有的挑战。世界又一次站在历史的十字路口，何去何从取决于各国人民的抉择。中国始终坚持维护世界和平、促进共同发展的外交政策宗旨，致力于推动构建人类命运共同体。"

一方面，当前全球能源治理结构出现重大新变化。受新冠疫情影响，全球大多数国家脆弱复苏进程将为此中断。世界大部分国家中期超低速增长，甚至负增长将可能成为常态，技术民族主义与市场保护主义交织，二者相互强化，成为大国间政治经济竞争的重要范式，成为阻碍全球化进程的一组孪生机制。总体来看，全球化和全球治理进程开始偏离其原有轨道，国家间政治驱动下的区域化和多边合作机制渐成主流，"局部多点"式社会经济动荡将拖累世界经济平稳复苏，世界经济正逐步迈进一个增长不确定的时代，全球化进程将经历结构性变革，区域主义和多边合作机制将超越传统全球化范式。

另一方面，全球能源治理格局发生变化。能源消费市场向新兴市场国家、亚洲国家转移，能源开发技术的突破、页岩油气资源开采又使得能源供应端力量对比发生变化，伴随气候变化议题重要性的上升，各国纷纷出台降低对传统能源依赖的举措。然而，与这一现实并不匹配的是，当下全球能源治理体系未能充分反映发展中国家力量上升的趋势，全球能源治理的进展和国际社会的要求之间更是存在巨大差距。当前全球能源治理面临的挑战包括：治理碎片化严重导致传统能源治理机制的低效乃至失效、大国公共产品的缺席，以及全球能源格局的新矛盾。❶

面对全球能源治理环境的新变化，全球能源治理建设面临新的窗口机遇期。当前全球治理功能缺口需要新的制度建构。主要大国都希望参与、贡献和引领的新的全球治理发展。**即便国家外交博弈呈现胶着状态，我国仍应重点关注全球能源治理的保障和促进作用，坚持在全球治理的框架内保障能源安全、提升中国话语权、发展能源投资和贸易等，通过参与、贡献和引领全球能源治理，共同建设能源领域的人类命运共同体。**从现实层面出发，全球能源治理需要从市场供需、能源依赖度、能源政治、环境治理、公司制度、社会组织、技术国际合作等来约束能源领域无序发展。具体来看，目前我国在全球能源治理领域的主要短板集中于以下几个方面。**一是**当前国际形势的复杂性、变化速度和剧烈程度等前所未有，能源领域落实绿色"一带一路"倡议，需要建设大量能源基础设施，涉及的能源供应国、过境国和需求国利益诉求各有不同，经常难以协调，导致项目悬而不决。各类能源企业作为"走出去"的实施主体，其能力及背后的国家层面支持体系与美国、日本等发达国家比差距较大。尤其我国当前国际能源合作多以双边方式为主，且大多依托技术、资金和人力资源优

---

❶ 赵宏图. 能源政治新生态与全球能源治理［J］. 当代世界，2023（02）：10-15.

势对外投资基础设施领域，项目启动后投入的大量人力物力反而成为合作方的博弈筹码，不乏项目搁置和资金浪费等现象。**二是我国发起成立的地区多边协调组织的影响力仍有较大提升空间。**相比之下，国际能源和涉能源组织的发起或倡议国基本均为欧美等发达国家❶，且大多成立于20世纪，组织结构已趋于稳定，影响力持续发挥，我国仅倡议成立上合组织；国际能源法律规则及涉能源相关法规❷的主导权集中于美国和欧盟；其他非政府组织、关注能源问题的多边银行、协会、团体和平台中❸，主要由联合国、德国和美国支持，我国仅发起成立亚洲基础设施投资银行；其余国际峰会❹也主要由美国倡议组织，我国组织的"一带一路"国际合作高峰论坛仍处于起步阶段。**三是我国的国际能源治理公共产品供给能力不足，**包括法律法规、技术标准、谈判平台、纠纷解决机制等。

1.3 新型能源体系的内涵及特征

综上，从党的二十大报告对能源领域提出的四方面重大要求出发，立足经济社会面临的一系列重大实践问题，新型能源体系的内涵是：

带动经济社会坚决贯彻全面节约战略，以持续加强能源安全全方位认知、预测预警和保障体系建设为首要任务，围绕重大科技创新、治理现代化两大关

---

❶ 国际能源组织包括 IEA（美国，1974）、IEF（美国，1991）、ECT（欧盟，1991）、UNFCCC（美国，1992）、IRENA（德国，2009）、WEC（英国，1924）、IPEEC（G8 倡议，2009）、REEEP（英国，2002）、OPEC（沙特等中东国家，1960）等，国际涉能源组织包括 G20（G7 倡议，1999）、APEC（美国主导，1989）、BREICS（俄罗斯倡议，2006）、OECD（法国，1961）等。

❷ 专门的国际能源法律规则包括 ETC（欧盟，1991）、UNFCCC（美国，1992），涉能源相关规定和法律条款主要源自 WTO（美国，1995）。

❸ REN Alliance（德国，2004），REN21（德国，2004），African Development Bank（联合国，1966），Council of Europe Development Bank（法国，1956），European Investment Bank（欧盟，1991），Inter American Development Bank Group（美国，1959），World Bank Group（联合国，1945）。

❹ 气候问题领导人峰会（美国）等。

键驱动力积极稳妥推动"双碳"目标实现，与国家现代化经济体系、产业体系和治理体系全面融合，并成为融入、利用和力争主导符合我国社会主义现代化强国建设愿景的全球治理体系的重要战略工具。❶

从国家经济社会发展大局出发，立足新型能源体系内涵，其特征是"全面节约、安全为要、创新驱动、治理现代、开放合作"。从新型能源体系特征的相互关系看，其相互间的阶段性权衡和一定程度上的"取舍"受内外部政经形势的影响较大，具有很强的动态性，这就要求继续坚持我国体制优势、实现政策导向的动态迭代，同时也对我国各级各地区的能源治理体系和治理能力现代化水平提出了更高要求。

一是全面节约战略将贯穿新型能源体系构建的始终。党的二十大报告中，新型能源体系的提出位于"推动绿色发展，促进人与自然和谐共生"章节。这充分强调了绿色低碳是新型能源体系最突出特征之一，要纵深推进能源消费革命，抑制不合理的能源消费，实施全面节约战略，倡导绿色消费，推动社会生产生活方式绿色低碳转型，以更加集约高效的方式满足人民美好生活需要，为推动人口规模巨大的中国式现代化夯实物质基础。

二是安全问题仍是新型能源体系构建的出发点和落脚点。要以满足经济社会可持续发展用能需求为前提，立足"富煤贫油少气"的能源禀赋，加强碳捕集、利用与封存（Carbon Capture, Utilization and Storage, CCUS）等关键技术应用，加强油气勘探开发和增储上产，推动煤炭行业高质量发展，确保化石能源领域形成长期可接续产能、极端情况可替代产量的基础能力，把握非化石能源合理替代节奏、高质量规划建设沙漠戈壁荒漠大型风光基地，确保能源的饭碗牢牢端在自己手里。

三是科技是第一生产力、人才是第一资源、创新是第一动力，将在新型能源体系构建中得到最充分体现。要发挥新型举国体制优势，不断强化国家战略

---

❶ 李金泽，张国生，梁英波，等. 中国新型能源体系内涵特征及建设路径探讨［J］. 国际石油经济，2023，31（09）：21-27.

科技力量，系统谋划建构紧迫性、前瞻性、颠覆性的基础理论和技术图谱，依托国家重大科技项目攻关等方式充分调动和汇聚创新资源，打造推动新型能源体系构建的强大动力。

四是治理体系和治理能力现代化是新型能源体系构建的核心要义。新型能源体系的构建过程，就是多能源品种融合和多发展要素聚合的过程，是一次涉及全社会的重大利益格局深刻调整，对在法治轨道上全面推进能源治理能力和治理体系现代化的要求极高。要完善可充分反映能源资源全价值链的市场机制、释放发展活力，进一步建立健全与新型能源体系建设要求相适应的法律法规体系，厘清市场和政府的权责利界面，实现资源环境、经济发展、民生保障等多重战略目标下的政策协同，释放有为政府、有效市场和有能组织的治理效能。

五是持续提升国际能源合作水平是新型能源体系构建的有效补充。要坚持推动构建人类命运共同体，践行共商共建共享的全球治理观，广泛吸引人才、资本、数据等高度稀缺性发展要素，形成国内国际有效协同的新型能源体系构建新格局。将新型能源体系建设作为破解统筹"安全、清洁、经济、共享"全球难题的"中国方案"范本，发挥好超大规模统一能源市场作用，加强国际公共产品供应，提升建章立制能力，成为未来清洁低碳主基调下全球能源治理体系的领导者。

1.4 新型能源体系及与相关能源战略部署的概念辨析

关于新型能源体系与其他重大能源战略部署的关系，从上述分析判断，结论如下：

第一，中央数次对能源领域的重大部署均在经济会议上首次提出，**能源电力行业对其理解必须加强系统观念，将能源电力行业置于经济系统中考虑，能源始终是经济社会高质量发展最重要的战略工具之一**。

第二，从近年来中央在能源领域的一系列重要指示精神看，基于对世界已进入百年未有之大变局的前瞻性研判和能源在经济社会发展中的核心功能定位，**"四个革命、一个合作"能源安全新战略始终是我国能源发展最重要的战略主线**，能源安全作为战略性、根本性问题，其内涵在持续扩展，从传统油气安全逐步扩展到供应安全、资源安全、生态安全、通道安全、网络安全、科技安全、产业安全、金融安全、合作安全等九大安全，**尤其随着近两年全球政经局势更加快速剧烈的动荡，对能源安全的研究更加注重系统观念和通盘谋划，聚焦于长期和短期、常态和极端场景、整体与局部、经济系统与能源系统等的统筹**，提出了要重点关注能源战略安全、运行安全、应急安全等。

第三，始终高度重视能源科技创新的重要作用，并逐步强化全社会对能源创新链、产业链、供应链"三链"融合重要性的深刻理解和重视程度。能源产业尤其是新型电力系统产业正在成为经济发展的强引擎和新动能，其在服务双循环新发展格局中的重要意义逐步形成共识。

第四，"清洁、低碳、安全、高效"涵盖了多年来中央对未来能源行业发展方向的基本要求，安全是基础和前提，高效是重要助力、也是能源领域的第一战略，清洁低碳是能源转型的重要方向。

第五，"经济 - 能源/电力 - 环境"关系重心向"新发展格局 - 新型电力系统 - 碳达峰、碳中和"转移的主线趋势日益明显，全球阶段性化石能源供应危机从长周期看将加强各国能源清洁低碳转型的决心和进程，新型电力系统将成为谋划未来能源系统、统筹电热气冷等大能源体系的核心。

（本章撰写人：闫晓卿、贾涓方、侯东羊　审核人：傅观君）

2

新型能源体系
实施路径

2.1 新型能源体系总体实施路径

长期以来，国网能源院关于能源清洁低碳转型、"双碳"路径等进行了持续研究论证，结合多家权威研究机构关于碳中和目标下能源转型的量化分析结果来看，各方对未来能源转型发展趋势的总体认知是一致的。**新型能源体系总体实施路径可划分为三个主要阶段：关键起步期（当前－2030 年左右）、融合演化期（2030－2050 年左右）和成熟期（2050 年以后）。**

关键起步期（当前－2030 年左右）：能源需求增长逐步放缓进入平台期，能源消费结构持续优化，多元调节资源和新能源同步快速增长，能源碳排放尽早达峰，能源效率水平进一步提升，关键领域能源技术取得突破，能源产业链竞争力和供应链稳定性进一步增强。

融合演化期（2030－2050 年左右）：能源需求稳中有降，非化石能源逐步成为能源供应主体，能源碳排放达峰后快速下降，能源效率水平全面提升，能源领域颠覆性技术取得突破，全面建成现代化的能源产业链。2030－2050 年左右，新型能源体系持续高质量演化发展，实现"清洁、低碳、安全、高效"的有效统筹，体系结构以"融合"为最大特征。**一是**清洁主导、电为中心，形成包含油、气、煤、核能、新能源等在内的大能源系统。**二是**"以电为主，电氢协同，融合替代"成为二次能源侧重要主导形态，推动电力与工业、交通、建筑等领域的深度融合，低碳非电力能源系统对新型电力系统的依赖性逐步提升，标志是社会进入高度电气化时代。**三是**依托我国战略纵深优势形成的多元化产业集群，通过良性的差异化竞争实现现代能源产业迭代升级，大型骨干国企、专精特新、中小微企业等协作更加紧密，形成良性竞合格局。**四是**成熟市场机制和政府宏观调控的有效融合，能源电力治理体系和治理能力向现代化快速迈进。**五是**涵盖多能源品种的产供储销体系高效融合、流畅运转，新型能源体系常态运行时期更加高效，极端情况下能够形成较强的互补互济和替代转换能力。**六是**科技、财税、金融、产业等政策体系更加协同，对新型能源体系高质量发展的驱动和保障能力显著提升。

成熟期（2050 年以后）：新型能源体系进入成熟期，实现全社会绿色转型和智慧升级是其核心功能定位，系统结构的最大特征是自组织和自发展，高开放性是新型能源体系持续演化、释放更多战略价值潜力的关键驱动力。

2.2 新型能源体系七大实施路径

2.2.1 推动新能源发展与新型能源体系的高质量衔接

党的二十大报告对能源发展重点提出了三大要求。一是实现碳达峰、碳中和是一场广泛而深刻的经济社会系统性变革，立足我国能源资源禀赋，坚持先立后破，有计划分步骤实施碳达峰行动，积极稳妥推进。二是完善能源消耗总量和强度调控，重点控制化石能源消费，逐步转向碳排放总量和强度"双控"制度，推动能源清洁低碳高效利用，推进工业、建筑、交通等领域清洁低碳转型。三是深入推进能源革命，加强煤炭清洁高效利用，加大油气资源勘探开发和增储上产力度，加快规划建设新型能源体系，统筹水电开发和生态保护，积极安全有序发展核电，加强能源产供储销体系建设，确保能源安全。

这意味着在"双碳"目标的指引下，既要立足我国现阶段能源消费及能源生产以煤为主的特点，也要立足我国新能源产业蓬勃发展的特点，要从继承、创新、定位、安全等多方面加快规划建设新型能源体系。新型能源体系建设要素之一是持续推进新能源跃升式发展，构建适应新能源占比逐渐提高的新型电力系统。我国提出"2025 年非化石能源的消费比重达到 20％左右、到 2030 年达到 25％左右"的目标，需要依靠新能源发电等清洁电力开发来实现对化石能源增量和存量的替代，并协同把握好煤电定位，统筹好水电、核电发展及能源产供储销体系建设等方面的发展要求。

（1）我国新能源发展迅速，已从增量替代阶段逐步向存量替代过渡，为新型能源体系建设打下良好基础。

在国家能源战略引领和政策驱动下，在政府、电源、电网等各方共同努力下，我国新能源装机规模及发展速度全球领先，发电量占比持续提升，利用率保持较高水平。

一是新能源开发规模不断扩大，成为我国新增装机主体。党的十八大以来，我国风电、光伏发电新增装机容量 6.9 亿 kW，年均增长超过 6900 万 kW，新能源逐渐成为新增发电装机主体。截至 2022 年底，我国新能源装机容量达到 7.58 亿 kW，占发电装机总容量的 29.6%。23 个省份新能源发电成为第一、第二大电源。[1]

二是新能源发电量持续增长，并网技术不断提升。2022 年，新能源发电量 1.2 万亿 kW·h，同比提高 21%，占总发电量的 13.7%；新能源利用率达到 97.3%，跟上一年基本持平，2018 年以来连续 5 年超过 95%。与葡萄牙、德国水平相当。国家电网建成了世界上规模最大的具备风光并网实证功能的张北试验基地、千万千瓦级新能源基地送出的数字/物理混合实时仿真平台，成功攻克了新能源发电暂态过电压等技术难题，2012 年以来我国未发生新能源大面积脱网事故，形成鲜明对比的是，英国、澳大利亚都发生了新能源大规模脱网导致的大停电事故。

三是新能源产业链全球领跑，装备制造体系较为完备。我国光伏产品从多晶硅到光伏逆变器全产业链均可实现独立自主研发与生产，并且在硅片、太阳能电池、光伏组件、光伏逆变器等关键核心产品的出货量常年占据全球前列。我国风电装备全产业链具有国际竞争力，目前全球前 10 大风电机组制造商中我国占 6 席，国内已推出陆上 6MW、海上 15MW 级系列机型，长叶片、高塔架的应用接近国际领先水平。[2]

---

[1] 中国电力企业联合会. 中国电力行业年度发展报告 2023 [R]. 2023.
[2] 彭博新能源财经（BNEF）. 2021 年全球风电整机制造商市场份额排名 [R]. 2022-03-23.

（2）加快传统能源和新能源的优化组合、协同并进，发挥新型能源体系建设中新能源的保供增供作用。

一是持续优化新能源发电结构，源网荷储协同发力促消纳。 在保障能源安全的前提下，大力发展新能源，构建清洁低碳安全高效的新型能源体系。加大太阳能发电在新能源发电中的占比，加快开发西部北部光热发电基地。中远期，包括光热发电在内的太阳能发电基地建设，将在西北地区及其他有条件的区域持续扩大规模，成为能源供应保障的主要支撑。加强源、网、荷、储协同发展，推动风光互补、水火互济等多能互补，提升电力系统的灵活调节能力，加大调峰调频电源建设及改造力度，更大程度发挥电网平台和枢纽作用，充分发挥需求侧资源平衡调节作用，推动新型储能快速发展，协同开发挖掘电源、电网、用户、储能的灵活调节能力促消纳。

二是坚持集中式与分布式并举，传统能源与新能源优化组合式发展。 按照"常规电源保供应、新能源调结构"的思路，推动传统能源与新能源优化组合，统筹好新能源、常规电源和其他灵活性资源的发展，保障电力系统供需平衡。在"三北"地区大力推动新能源集中式规模化开发与外送，在东部沿海地区积极推进海上风电集群化开发，加强受端地区分散式新能源开发利用，在中东南部地区重点推动风电和光伏发电就地就近开发，并通过对周边区域内清洁高效先进节能煤电机组的升级改造，形成支撑保障。同时，加快清洁低碳技术发展和产业加快转型，进一步优化能源结构。

（3）加快新能源全产业链协调发展，推进新型能源体系建设的科技创新与产业升级。

一是促进新能源产业链实现高水平的自立自强。 加快新能源及相关关键核心技术创新应用，提高核心技术竞争力，加强设计和标准的对外输出，抢占全球能源绿色低碳转型创新链和价值链的制高点。建立产业链、供应链风险预警机制，密切追踪战略性矿产资源、关键原材料及产品供需情况，提升重大风险识别、监测预警和防控能力。发挥新型举国体制优势，围绕能源产业链短板和

"卡脖子"技术，从国家层面安排部署一批重大项目，加强清洁能源发电、大容量电化学储能、高效碳捕集利用等领域基础理论和关键核心技术攻关。

二是带动产业链经济链升级，助力国家重大战略实施。加强新能源创新链与产业链的对接，巩固提升新能源全产业链竞争力，打造新能源相关战略性全局性产业链，增强新能源产业链对整体经济链的带动作用。推动新能源产业在绿色生产生活方式、实现全民参与和共享发展、促进产业转型与产业转移、发挥生态效益等方面发挥广泛牵引和赋能作用，助力西部大开发、东北振兴、乡村振兴、新型城镇化等国家重大战略实施。

（4）加快新能源参与电力市场的机制建设，强化新型能源体系建设的市场配置资源能力。

一是加快统一市场建设，实现电力资源在更大范围内共享互济和优化配置。以完善保障电力安全、稳定电力供应、促进能源转型的市场机制为重点，完善统一市场规则、运行机制和保障体系，统筹全国范围能源资源开发和利用，实现资源共享互济，消除地域间的交易壁垒，促进资源在全国范围内畅通流动。

二是完善适应新能源电力市场机制设计，保持电力系统经济高效运转。健全完善促进新能源发展的电力市场机制，探索建立容量市场，完善辅助服务市场，引导全社会公平承担新能源消纳责任和系统容量、调节成本，平衡多元市场主体利益。充分发挥电力价格的指挥棒作用，建立健全一次能源价格、碳交易价格和电力市场价格的联动机制，高效引导能源资源配置。

（5）发展构网型新能源、加快建立新能源供给消纳体系，强化新型能源体系建设的结构多元化和配置方式多样化。

一是推动发展构网型新能源，提升新能源主动支撑作用，保障电力系统安全稳定运行。随着新能源占比逐步增大，新能源应该逐步具备同步机相应特征，具备电网电压支撑、电网惯量支撑、故障穿越能力、阻尼可控能力，通过运用构网型并网技术使新能源＋储能取代同步机，实现从"并网"到"组网"

的角色转变。

二是因地制宜开发利用，构建新能源供给消纳体系。聚焦新能源产业在国内大循环中的广泛牵引作用，重点围绕新能源产业链下游电站发力，以稳定供应的清洁低碳电力高效支撑经济活动及产品服务全面脱碳，依靠国内大市场稳固我国新能源产业优势。具体来看，新能源供给消纳体系需要重点结合我国新能源资源禀赋、区域重大战略、区位优势和电网区位条件等，因地制宜优化新能源开发利用模式。

模式一： 重点结合产业西移下新能源产业布局调整、"太阳能发电＋荒漠化治理""西电东送"促进共同富裕等战略的新能源开发利用模式。典型是西部北部以沙漠、戈壁、荒漠地区为重点的大型风光电基地。这种模式结合了西部大开发战略下新能源相关产业在西部北部地区加速布局，并且能够通过光电治沙等手段充分发挥新能源的生态环境效益和生态治理效益。此外，此类大型风光电基地的"西电东送"还将促进东中部地区加速脱碳，通过电力传输和交易实现东西帮扶、促进缩小区域发展差距。中远期，大型风光电基地将从目前以煤电为支撑调整为以调节灵活、支撑能力强的光热发电为支撑，服务西部北部本地清洁转型。

模式二： 重点结合乡村振兴和以县城为重要载体的城镇化战略、用户侧电力应急能力和供电可靠性提升等的新能源开发利用模式。典型是在东中部发展大规模分布式新能源。这种模式主要承接了国家乡村振兴、以县城为重要载体的城镇化建设等战略部署，重点推动村集体、县城主体以多种方式参与到新能源项目开发建设中，从而产生拉动就业、提高收入等广泛经济社会效益，比如村集体依法利用存量集体土地通过作价入股、收益共享等机制进行参与。分布式新能源的重点开发利用模式还包括应用于工业、建筑、交通领域的微电网、源网荷储一体化、光伏建筑一体化、综合能源等项目，从而促进电力应急能力提升和供电可靠性提高。

模式三： 重点结合经略海洋下的海洋强国建设、海洋蓝色经济发展等战略，以及培育东部沿海风电产业发展与产业输出等综合目标的新能源开发利用模式。主要是在东部沿海发展以海上能源岛、一体化利用为重点的海上风电基地。这种模式考虑"一带一路"国际合作与产业输出要求下的东部沿海风电产业发展，符合我国海洋强国建设背景下维护国家海洋权益等多方面要求，满足东部地区加快推进现代化、发展新兴产业、扩展海洋蓝色经济的需求。重点推进具有海上能源资源供给转换枢纽特征的海上能源岛和综合海洋能、储能、制氢、海水淡化等多种能源资源转换利用一体化设施，提高海上风电利用效率，并且满足我国海洋产业集群和海洋综合治理体系发展需要。

2.2.2 将新型电力系统安全纳入国家能源安全体系通盘谋划

总体国家安全观下的电网安全，要立足于本质安全，统筹兼顾电网的内部安全与外部安全、传统安全与非传统安全、安全与发展、自身安全与共同安全，适应新时期国家安全与发展的形势要求。

从能源视角来看，要不断强化能源资源及核心技术的战略安全保障，持续提升能源运行安全水平，大幅增强能源安全的风险管控和应急保障能力。

战略安全方面，一是优化能源结构，降低油气等能源资源及重要矿产资源对外依存度。加快国内增量能源清洁替代，推进大型风光基地等新能源的集中式开发和分布式新能源的规模化利用，持续提升清洁能源占比。加大国内常规油气勘探开发，实现油气稳产增产。加大新能源相关锂、镍、钴等能源矿产资源的勘探、开发、提取、收储和产业链上下游建设，积极拓展矿产资源海外多渠道来源。

二是持续提升石油天然气等输送通道的多元化、分散化，加强国内港口建设、增强对国外重要港口的可控性。分析国际地缘政治影响，进一步促进油气资源来源多元化和运输路径分散化。结合全国统一大市场建设，加快重要港口、液化天然气接收站等重要基础设施的集散输运能力。通过深化重要港口合作，促进能源贸易畅通。构建通道自主掌控能力较强的能源输送网络，通过控股参股等方式实现重要港口的贸易合作。

三是创新思维,加大能源核心科技集中攻关,增强能源产业链供应链技术保障能力。加强科技战略引领,修订制定新一轮能源科技发展规划。持续加强能源安全保障关键技术(如新型储能、氢能、小型核电等)研发支持力度,加大油气资源勘探开发和工程技术科技攻关力度,布局清洁能源规模化高效利用相关技术(如低速风机、高转化效率光伏板、高技术经济性光热发电等)。

四是加强能源国际合作,提升开放环境下的能源安全。全面参与全球能源治理,维护全球能源共同安全理念,推动形成绿色低碳的全球能源治理机制。以"一带一路"为依托,深化与油气出口国及关键通道国等开展能源合作,重点加强与俄罗斯、哈萨克斯坦、土库曼斯坦、西亚北非国家在油气领域全面合作,顺畅油气资源交易,确保通道安全,推动与以色列、土耳其、埃及、伊朗等国可再生能源合作。

运行安全方面,一是继续发挥煤炭资源在我国能源安全的托底保障作用。按照"增容减量"原则,发挥煤电托底保障作用,做好煤电存量资产优化,做好存量机组退役和延寿优化工作,加快灵活性改造。通过煤电机组加装 CCUS,为系统保留转动惯量同时可捕捉二氧化碳,以及与绿氢结合大规模制取甲烷或甲醇。

二是提升油气资源储备能力及需求侧调节能力,增加能源系统灵活性资源建设。积极推动国内油气存储及集散输运系统建设,着力增强能源储备能力。以市场化方式持续提升需求侧响应规模和调节能力,力争 2035 年电力用户需求侧响应能力不低于 5%。稳妥推进煤电建设,严控煤电新增产能规模,按需合理安排应急备用电源和应急调峰储备电源,同时积极发展新型储能、氢能等新型灵活性调节资源。推动建立充分挖掘存量灵活调节资源潜力、统筹增量灵活资源规模布局,实现灵活性资源与新能源和传统电源协调发展的机制建立和持续完善。

三是通过数字化、信息化、智能化、互联互通提升能源基础设施的运行安全水平。通过统一调控平台实现全国统一运行下的多区域跨时空互济下的运行安全。持续加强运行调控技术创新，通过信息化技术加快重构能源系统的认知、控制和故障防御体系，实现现代能源系统的协调运行。

四是加快构建新型电力系统，提升电力系统运行可靠性和安全性。加强电力系统安全运行及监测能力，提升电力直流通道互联互通水平及运行曲线灵活性，提升通道运行安全水平。降低电力系统与能源系统、经济社会系统之间的协调性带来的整体安全性风险。

应急安全方面，一是组建国家能源应急安全管理部门，及时纳入国家总体应急体系。积极推动国家层面的能源电力应急安全管理部门组建，进一步提升能源应对系统性风险能力，促进能源应急保障机制常态化和制度化。成立国家层面的能源应急安全管理部门，不仅能体现在全国统一大市场下我国能源电力行业具有显著体制优势和制度优势，还能实现跨区域、跨部门的能源应急安全协同治理、统一调控、制定综合应急方案、优化应急资源配置等，大幅提升全时域空域下的能源电力安全运行，为全国能源电力安全提供坚强保障。

二是完善能源应急安全管理体系，明确各主体责任划分、畅通协作、规范应急处理流程。一方面，拓展能源应急预案的外延，打破能源系统与经济系统、防疫系统等的危机预案管理边界，形成大应急预案管理机制；另一方面，立足长远，基于我国能源发展的趋势预判，建立面向长远以预防、预控为主的能源应急管理体系。此外，重点关注应急主体的责任边界划分问题，考虑到能源系统中不同部门之间的耦合性（如发电部门和煤炭部门之间、发电部门和电网部门之间），应急工作常涉及跨部门合作，应急主体的责任边界划分是否明确将直接影响到应急工作的推进和资源调配的效率。

三是成立国家能源应急风险预警平台，加快预警相关数据的集成、共享与应用，支撑国家能源安全预警体系优化完善。推进能源供应风险预警机制的组织机构建立与运行流程的制度化管理，理顺职责划分。能源供应风险预警指标需要在实践中不断探索和改进才能提升科学性，参照小步快跑、累积迭代的方式，加快电力风险预警指标体系的建立与持续完善。

四是开展应急演练，做好各类极端场景下的能源应急预案。开展能源极端场景库建设和积累工作。极端场景的仿真模拟是能源电力系统不可缺少的压力测试。基于极端场景的能源系统压力测试不但可以帮助决策人员考虑一些以前被忽略的压力源，还可以评估其影响的潜在幅度以及能源系统面临这些风险的承受能力，同时还能给出有效的应对策略。

开展极端场景下的能源系统压力测试，提前摸清能源系统可能存在的薄弱环节和风险点。通过能源应急场景演练，摸清能源系统在各种可能极端场景下的危机形成过程及传导的一般规律，基于不同类型极端场景的属性差异、影响机制差异，针对可能出现的不同危机场景精准预置解决方案，让能源危机无论以何种方式呈现均能有案可循、有据可依，最终形成应对能源危机场景的方法论与标准化应急管理机制，形成多套行之有效的危机预案启动与应用流程的高效流转。

五是充分调动社会力量积极参与能源应急管理，推动能源应急产业化发展，做好民众能源应急管理宣传和教育工作。打造"政府 - 企业 - 社会"的一体化能源应急管理格局，提高能源应急的社会化程度。应对能源重大突发事件的应急需求和责任并非仅限于能源应急管理部门内部，利用管理部门及能源电力企业现有资源不仅无法满足不断增加的外部应急需求，更难以实现未知能源电力重大突发事件的有效应对。因此，我国能源应急管理水平提升需要最大限度激发政府、企事业单位、公众在内的积极性，同时主动对接外部应急需求，打造"政府 - 企业 - 社会"的一体化能源应急管理格局，提高能源应急的社会化程度。一方面，梳理外部应急需求，完善能源电力应急资源服务社会民生保障的工作机制。重大突发事件应对中，能源电力应急处于基础保障地位，政府和企事业单位对应急供能供电、设施设备、资金人员、信息情报的支撑能力提出新要求，应统筹全社会资源和渠道，探索对外应急服务的工作机制，发挥政府及能源电力大型骨干企业的引领作用和责任担当。另一方面，主动对接社会资源，通过共建共享、服务购买等方式，提升能源应急综合保障水平。加快完善能源应急市场化服务机制，充分利用社会专业技能人员和应急设备资源，统筹供应商库存和产能资源，探索利用外部金融保险、检测评估、教育培训、装备研发等服务，推动能源应急产业化发展。

充分利用宣传教育及数字化等技术手段提升民众应急能力。在实践过程中加强应急管理宣传教育，通过不定期开展能源应急教育培训等培养民众能源应急意识、提升能源应急技能，全流程参与能源应急过程。同时注重数字化及信息技术的应用，通过数字化模拟演练平台进行全流程、全方位的应急演练和培训，提高公众参与和救急能力。新时期下电网和电力系统安全新形势，从电力系统视角出发，电网安全从内部的输配环节扩展至外部发电环节和用电环节，集中式、分布式可再生能源并网规模增大，非化石能源将逐渐成为主导能源，高比例可再生能源接入后电网运行风险加大、消纳压力突出；电网结构更趋复杂、众多新技术和新设备应用对电网、设备、人身安全提出了更高要求，网络安全、新能源安全和产业安全已成为新的电网安全防控重点；用户侧差异化需求，均促进电网的形态、技术、结构逐步升级。从能源互联网视角出发，电网安全范畴要充分考虑信息通信技术、控制技术与先进能源技术深度融合带来的新要素安全，能源流与信息流深度融合，电力系统、信息系统、控制系统面临的不确定性因素增多。面对新形势，我国电网安全面临风险主要包括：生态安全视角下的极端天气风险；资源安全视角下的高比例新能源系统运行风险；经济安全视角下的经营效益风险；科技安全视角下的设备长期断供风险；信息安全视角下的电力网络安全风险；政治安全与社会安全视角下的人为攻击风险。这些风险对电网和电力系统安全提出新要求：

从电网视角看，未来对传统电网安全要求进一步提高。在电网方面，电网结构更趋复杂、可再生能源快速发展都对大电网管理手段和方式提出了新的要求。在设备方面，特高压交直流等先进设备，柔性交直流输电技术和设备应用规模加大，电能路由器等众多能源互联网设备投运对于设备质量管控和运行维护提出更高要求。在人身方面，出现的众多新情况、新技术和新设备，对于技术人员的安全意识、知识技能提出了更高要求。**此外，网络安全、新能源安全和产业链供应链安全已成为新的电网安全防控重点**。在网络安全方面，随着电力产消边界的逐渐模糊，以及大量智能表计、智能终端接入，通过网络攻击的方式入侵电力系统从而导致电力瘫痪，具有成本低、破坏大、隐蔽性强等特点，已成为当前电网安全面临的重大威胁。在新能源安全方面，新能源具有显著的间歇性和波动性，大规模、高比例接入电网，导致系统调峰调频调压矛盾突出，加剧了运行控制和平衡调节难度。特别是新能源并网标准与常规电源仍然存在较大差距，对系统频率、电压波动的耐受能力不足，容易在故障期间大面积连锁脱网，扩大事故影响范围。在产业链供应链安全方面，当前科技竞争日趋激烈，芯片领域"卡脖子"风险不断升级，一旦发生芯片断供，电网二次设备将无法正常生产维护，严重影响电网建设和运行。高压套管、分接开关等零部件在设计及制造工艺不如国外公司成熟，成品合格率较低。

未来，要大幅度提升电网安全保障能力。

（1）提升大电网安全稳定驾驭能力。

一是推动高比例可再生能源安全消纳。加强高比例可再生能源电力系统运行机理研究，在可再生能源功率预测、并网标准、仿真模型等领域应继续深入研究，提高可再生能源机组频率电压耐受能力以及对电力系统的支撑能力；加大需求侧资源和储能资源参与系统平衡调节力度，增强大电网电力互济互供能力，发挥资源互补、用电特性互补作用，并利用需求侧响应和储能资源等来建立需求侧灵活性资源体系，通过源网荷储多环节协同互动来保障高比例可再生能源的安全消纳和稳定运行；优化分布式电源并网和交易管理，建立基于电网承载力的分布式电源并网管理体系，在并网服务流程和并网运行技术要求方面实行差异化管理，引导分布式可再生能源优化布局；深入研究未来电网"备用"角色更突出的情况下，考虑基本电费比例增加或备用费补偿的定价机制，建立分布式电源交易结算分级管理；依托国网光伏云网加快推进分布式电源信息采集，提高功率预测精度。

二是强化电网数智化水平。全面提升电网生产运行数字化水平，深化数据驱动的智能规划和精准投资，深化基于多规合一的项目动态规划设计，提升电网投资决策能力。强化电网建设全过程数字化管控。充分利用移动应用、智能监控系统、数据智能采集等设备和手段，构建敏捷、易用、智慧的数字化现场施工动态监管体系。构建覆盖输变配各环节智能运检体系。打造以设备状态全景化、业务流程信息化、数据分析智能化、生产指挥集约化、运检管理精益化为特征的输变配电智能运检体系，实现信息全采集、状态全感知、业务全穿透。依托新一代电力调度自动化系统，构建信息系统与物理系统相融合的智慧调控支撑体系。推动电网调度运行各环节及参与者实现在线互联、实时交互，推进能源与生产、生活智能化协同，实现电源、电网与用户之间的资源优化配置，提升源网荷储安全稳定协调运行能力。积极建设分布式配电自动化系统，提升电网"自愈"能力，实现快速精准的故障定位、隔离、网络重构及恢复供电。加强高级配电自动化技术的升级应用。

三是加强跨领域融合发展水平。统筹电网规划与城市规划，建立电力、城市多维度大数据库共享平台，为配电网规划提供坚强数据支撑。深度融合电力大数据和经济社会发展、城市规划等多维度城市大数据，加强数据融合与价值挖掘，支撑负荷和电量精准定量分析和配电设施有效落地。因地制宜调整配电网网架结构。推动配电网与交通基础设施融合发展。

(2) 加强市场开放条件下电网管理与产业链安全。

一是强化电网管理安全。发电、电网、用户等相关主体在监管方指导下搭建信息沟通平台，通过信息共享，推动市场配置效率提升。相关监管部门进一步加强市场监管机制，推动省间现货与中长期交易有序衔接，以及辅助服务市场化补偿机制，更好发挥市场作用。探索公共基础设施应急保险等商业模式，加强社会电力应急专业力量建设。在电力市场化改革中，持续提升国有企业竞争能力，培育多维市场主体，形成不同故障级别下公私紧密合作的高效应对力量。引导用户对可靠性的合理期望。开展可靠性定价机制研究，在当前行政手段为主的可靠性管理基础上引入必要的市场调节机制，引导社会建立起电力优质优价的理念，帮助用户合理确定可靠需求，加大对高可靠性用户的投入，提升电网投资的边际效益。加强配电网统一规划、统一调度和统一标准，建立和规范配电网建设和运营标准。强化增量配电网统一管理，探索配电网运营权和所有权分离，建立配电网统一运营模式，有效避免因项目分散、主体众多、协调成本高等问题可能导致电力系统安全运行风险。升供电服务质量和效率，提升供电安全管理水平。完善市场化售电业务办理流程规则，加快推进营配末端业务融合，缩短业务和管理链条，提高对客户需求的响应速度，进一步提升供电服务水平。加强用电安全隐患治理，提高设备运行管理、电能表后用电管理及临时用电管理规范化。结合用户需求适度开展用电咨询、用电设施检测等增值服务，在保障用电安全同时提高客户满意度。

二是强化电网产业链安全。以生产、运行等应用需求为牵引，强化高性能电工新材料、大功率电力电子器件等基础研究，明确电力能源科技创新"无人区"和"沼泽地"的研发方向和技术路线。加强电力智能传感、能源互联网、大型变压器组部件、区块链等实验研究能力建设，积极培育与申报国家级实验室。着力攻克"卡脖子"技术，完善技术链。加快推进电力专用工控芯片、特高压套管、分接开关等重大技术装备研发，加快形成一批核心成果，突破技术瓶颈，实现自主可控，构建国际领先的大电网安全防御体系和多层级协同运行控制体系。加强重大核心装备技术研究，攻克制约装备能力的高性能材料技术和核心器件技术，加快关键组部件、核心元器件、核心应用软件、基础材料等国产化替代，稳步推进国产设备挂网试用和规模化应用。

三是保障新时期网络安全。构建主被动防御结合的网络安全防控体系。在主动防御方面，通过边界防御、网络安全防护、主机入侵防御、应用以及数据入侵防护等层面构建全方位的纵深防御，以确保未来配电网的信息安全。主要涉及防火墙、入侵检测技术、虚拟专网等技术。被动防御方面，主要包括安全服务、安全策略和安全保障等。安全服务主要有鉴别服务、访问控制服务、数据完整性服务、数据保密性服务以及抗否认性服务等；安全策略维度主要包括预警、防护、检测、响应、恢复以及反击等六个环节；安全保障主要包括制度保障、人才保障、培训保障、审计保障、管理平台保障等内容。在此基础上，强化红蓝对抗体系建设，不断丰富网络攻防场景，以实战对抗查漏洞、补短板，培养电力网络对抗人才，提升网络防护水平。形成高效协同的全网态势感知和一体化防御。构建适应能源互联网框架下的网络安全态势感知技术架构，实现全天候、全场景、全链路的网络安全监测预警和联动响应。立足全网，面向行业，构建网络安全实时态势感知平台，整合打通各类安全资产管理数据接口，对安全事件进行智能关联分析，完善检测响应、数据分析、封禁阻断、可视交互等功能。扩大态势感知范围，增强对云平台、数据中台、物联终端、工业互联网、新型网络边界的安全监测分析能力，结合能源互联网应用场景补充和优化监测告警策略模型。依托两级网络安全分析室，建立统一指挥、多级调度、协同处置的网络安全监测与响应机制，形成面向实战、上下贯通、全域联动、多源情报、快速响应的全天候网络安全态势感知能力，打造"红蓝一体"协同作战队伍和全天候监控分析队伍，形成全网一体化防御局面。

2.2.3 以法治建设推动能源治理体系和治理能力现代化

党的二十大报告中指出，"以中国式现代化全面推进中华民族伟大复兴"，"必须更好发挥法治固根本、稳预期、利长远的保障作用，在法治轨道上全面建设社会主义现代化国家"，"全面推进国家各方面工作法治化"。

法治是推动能源治理能力现代化的基本方式。当前，能源清洁转型与体制机制变革不断深入，能源技术与供需关系发生重大变化；同时，随着全民法治观念和维权意识不断增强，社会监督与依法治理的深度与广度都得到了巨大提升。新型能源体系建设是一项经济社会系统工程，涉及主体多元、利益关系复杂，尤其是随着能源革命深入推进，政府、企业、社会公众之间的法律关系与权利义务内容和边界必将发生重大调整，要想破除制约能源高质量发展的障碍，推动能源体制机制转型发展，就必须完善能源发展法治保障，将能源治理法治化作为推动新型能源体系建设的基本工作方式，运用法治思维和法治方式统筹社会力量、平衡社会利益、调节社会关系、规范社会行为，在法治轨道上解决改革与发展中的矛盾和问题。

因此，新发展阶段下的能源法治建设，固根本重在固安全根本、固民生根本，要立足能源的基础产业属性，贯彻落实国家安全观和以人民为中心的发展思想，运用法治力量保障能源安全稳定供应；稳预期重在稳改革预期、稳转型预期，要立足能源市场化改革，展望新型能源体系建设技术变革、管理变革，筹建完备的法治规范体系，稳定各类市场主体预期，保障行业平稳有序发展；利长远重在利绿色发展、利全社会发展，要立足绿色低碳发展要求，立足我国资源禀赋与实际情况，先立后破，推动形成绿色低碳的生产方式和生活方式。

（1）新型能源体系建设中的关键法律问题。

长期以来，能源领域对依托能源法律维护能源公平、提高能源效率和保障能源安全的重视不够、认知不足。一方面，能源法制体系难以适应新型能源体系建设需求，以能源基本法为核心，以煤炭、石油天然气、电力、节能等重点单行法为支撑的能源法律体系迟迟没有成型；另一方面，能源法律实施与现代化能源治理体系的要求存在差距，"重政策、轻法律"的惯性导致行业监管主要依靠政策等法律效力较低的规范性文件，行政审批取代常态化监管的矛盾较为突出。立基于此，从保障新型能源体系建设的角度出发，需要通过法治解决以下关键问题。

1）以法治化方式理顺能源监督管理主体之间的关系。

新型能源体系建设不仅事关能源行业监管，更涉及国家安全、生态环境、国土规划、产业发展、市场监管等诸多监管领域，事关中央、地方不同层级事权划分，需要以法治方式明确不同监管机构的监管职责，厘清监管权限划分，构建统一、协调的能源监管体系，才能有效避免监管交叉或缺位。**一是要进一**

步理顺能源行业监管部门与其他监管机构之间的关系。明确能源行业主管部门与发展改革部门在能源战略、规划、价格和项目核准等方面的权责；明确能源主管部门和国土资源部门在煤炭资源开发、规划用地审批等方面的权责；明确能源主管部门和市场监管部门在能源市场监管、价格监管、反垄断和反不正当竞争等方面的权责；明确能源主管部门和水利、农业、生态环境、自然资源等部门在生物质能开发、环境保护、节能减排等方面的权责；明确能源主管部门和统计部门在行业统计领域的权责等。**二是用法治化方式妥当处理中央事权与地方事权的划分与衔接**。新型能源体系建设是系统性、整体性工程。在此过程中，需要用法治化方式，既明确中央在战略规划、资源调配等事项上的权力与义务；又要明确地方在推动国家战略实际执行，建设生产等事项上的属地责任，做到于法有据，上下贯通。

2）**以法治化方式厘清市场与政府的边界，推动有效市场与有为政府共同发力。**

一是通过法律制度完善能源市场化机制。从能源市场改革需求看，需要将能源价格形成机制、市场交易机制、市场竞争机制等各方已达成共识、试验效果良好的政策成果及时上升为国家立法予以固化，稳定社会预期，从长远上发挥市场在资源配置中的决定性作用电力市场建设需要法治建设同步保障。立足我国能源市场发展实际，需要以兜住能源供应的安全底线，促进规则执行刚性和合同履行的约束力。按照"成熟一个推进一个"步骤有序推进，以推动部门规章等低位阶向高位阶法律建立健全的思路健全能源市场主体信用法律制度、能源市场信息共享和披露法律制度，能源电力市场监管体系，保障能源市场各方权益。同时，为适应新型能源体系建设形势，探索将储能、分布式、微电网等将新主体纳入立法范畴的方式，明确其权利义务，为下一步新型市场主体的壮大发展提供基础制度保障。

二是通过法治推动国有资本与民营资本平等保护、公平竞争，培育形成多元竞争的市场格局。随着能源行业市场化改革与我国市场竞争法律制度不断完善，未来将更加强调市场主体地位平等，各种所有制主体依法平等使用生产要素，公开、公平、公正地参与市场竞争，在要素获取、市场准入、企业经营等方面对市场主体一视同仁、平等对待，破除制约市场竞争的各类障碍和隐性"壁垒"，防止对民营资本的"挤出效应"。

三是提升政府依法治理的能力，以法治方式实现对能源市场的有效治理。当前，政府干预市场的方式主要依靠政策等法律效力较低的规范性文件，行政审批取代常态化监管的矛盾较为突出。要提升能源治理能力，一方面必须坚持科学民主立法，进一步完善多元主体参与的能源立法机制，全面完善能源重大事项集体决策机制、公众参与制度、会审制度、内外协调机制及重大决策评估机制。强化能源政策的合法性审查；另一方面要确保法律制度依法实施，增强法律与政策制定、实施的连贯性和可预期性，依法行政，公正司法，这对市场的稳定与发展具有基础性的促进作用。

3）以法治化方式处理好能源安全保障与绿色低碳转型之间的关系。

新型能源体系建设需要充分考虑我国能源资源禀赋现实情况，协调好当前能源需要与长期生态改善需要之间的关系。多煤、缺油、少气、可再生能源有待发展是我国能源禀赋的基本现状，实现能源安全需要法治予以保障。

一是构建符合我国能源资源特点的能源安全保障制度。能源安全保障制度涵盖能源生产安全、能源产品供应安全、能源产品和能源资源战略储备、能源预测预警、能源突发事件处置等多个环节，全环节发力。结合我国能源结构与发展趋势，我国应加快建立能源安全应急、煤炭基础性保障等重要法律制度。能源应急管理方面，应明确政府、企业、社会公众在能源应急管理中的职责，建立能源应急协调联动机制，应对能源突发事件，优先保障居民生活用能和经济社会运转基本能源供应。在煤炭基础性保障方面，构建覆盖煤炭全产业链的保障法律制度，优化煤炭开发布局以及产业结构，根据能源供应结构以及供需状况有序减量替代煤炭消费，鼓励发展煤矿矿区循环经济，推进煤炭安全绿色开采，促进煤炭清洁高效利用。

　　二是构建适应能源绿色低碳转型的法律制度。将能源绿色低碳转型的理念贯穿能源规划、生产、供应、消纳、使用全过程。**加强规划的引领作用**。加强能源规划的全局统筹，实现跨行业、跨能源品种、跨区域的科学规划。加强能源规划在全国层面的统筹协调与合理分配，以此作为细化分解的基准，避免政出多门，从根源上缓解能源治理潜在矛盾。增强能源规划的权威性。区分约束性规划和指导性规划、中长期规划和短期规划，设立相匹配的事中监管和滚动修编程序，实现规划对能源发展形势的动态反应；分层分类制定规划执行考核办法，提高规划效力以及能源系统运行效率。重点明确约束性规划清单，将相应考核指标向省、区、市等逐级分解且明确落实，结合属地特点建立相应责任追究机制与奖惩政策，真正实现约束性指标具有法律效力。**完善可再生能源消纳法律制度**。当前，可再生能源发电全额保障性收购制度已不适应"双碳"目标下可再生能源发展要求，应从电源开发、送出及配套电网建设、市场机制等方面进行系统设计，进一步明确政府、电网企业、售电企业、用户等主体的法定责任，综合考虑系统消纳成本补偿方式及各主体的承受能力，建立促进可再生能源和清洁能源全社会消纳的体制机制。**建立促进绿色能源生产消费的市场体系和长效机制**，充分发挥市场作用，全面反映绿色电力的电能价值和环境价值，引导全社会形成主动消费绿色电力的共识，强化碳排放权交易、用能权交易、电力交易的衔接协调。

　　4）以法治化方式保障人民基本用能权利，坚持人民至上。满足人民美好生活用能需要，确保人民群众"用上能、用好能"是"坚持人民至上"在能源领域的重要体现，能源立法应更加注重保障和改善公民用能权益，将保护能源民生的理念贯穿立法始终。**一方面，进一步明确能源普遍服务制度**。从各国立法经验看，能源普遍服务是国家的基本公共服务，普遍服务可以由政府直接提供，也可以通过各类企业落实。国家应制定政策标准，建立完善企业实施普遍服务的成本补偿机制。**另一方面，强化增加用户对能源供应商的选择权**。能源主体用能选择权包括能源用户对能源品种的选择权和对能源供应商的选择权。

还原能源商品属性有利于扩大能源主体的用能选择权，实现人民群众由"用上能"向"用好能"的转变。

（2）新型能源体系建设的重大举措。

一是系统推进能源立法。增强法律体系的系统性，**推动能源立法与"双碳"目标实现有效联动，**能源立法应构建更加适应能源绿色低碳转型的制度体系，在能源规划、能源市场建设、能源协同发展、能源价格机制、清洁能源消纳等问题上做出回应，为支撑和鼓励能源转型提供制度保障。**推动能源立法与能源改革有序衔接。**全面评估能源改革政策与试点成效，对能源改革的思路、原则及时予以立法明确，引领改革的目标方向。对于能源改革成果的立法固化还应综合考虑法律位阶、法律间衔接、不同地域特点、同一部法律制度体系完整性等问题，坚持审慎入法。对于能源改革中较为含糊的概念，建议在准确界定后再行立法，避免盲目入法后引发法律适用的混乱。

二是提升能源法律体系实施的权威性。加强能源立法顶层设计，推进能源基本法和单行法落地，在此基础上健全能源法律实施的法规、规章体系，增强行政机关依法开展能源监管活动的合法性依据，增强政策工具在使用过程中审慎性**坚持能源市场竞争性环节全面放开，厘清政府的行政边界。**全面实施负面清单制度，负面清单外的领域、业务，各类市场主体可依法平等进入。打破市场准入环节的各种不合理限制与隐性壁垒，营造公平、透明的营商环境。结合"放管服"与简政放权进程，秉承差异化原则，加大取消下放行政审批事项力度，明确界定中央能源监管机构及其派出机构、地方能源监管机构的权责界面，保证各级法律法规执行的权威性。

三是完善能源技术标准。拓展标准细分方式，根据传统能源与新能源等不同类别、电力与煤炭等不同行业、全国与省内等不同范围、强制型与推荐型等不同等级、生产与运输等不同环节，建立便于精准定位的能源全产业链行业标准体系。搭建标准之间的软连接，保证企业标准与行业标准对标与对应、与上下游企业间标准的一致性。**建立健全标准更新迭代机制。**以各地区、各行业、各环节等急需制修订的标准为着力点，引入"科研攻关、创新创效、示范应用、编制标准"发展线，打造能源行业标准动态更新的基准面。对于行业高度关注标准，联合上下游企业、学协会等机构，共同组织标准培训及宣贯工作；对于急需标准，广泛吸纳行业与社会诉求，加快开展标准制定工作，促进行业高质量发展。

2.2.4 以能源消费高效化推动经济社会绿色转型

党的二十大报告中，新型能源体系的提出位于"推动绿色发展，促进人与自然和谐共生"章节。这充分强调了绿色是新型能源体系最突出特征之一，要求抑制不合理的能源消费，落实全面节约战略，倡导绿色消费，推动社会生产生活方式绿色转型，以更加集约高效的方式满足人民美好生活需要，为推动人口规模巨大的中国式现代化夯实物质基础。

一是持续拓展电能替代广度深度。加快《关于促进能源电力消费侧碳达峰、碳中和工作的指导意见》落地，实施电气化、客户能效、用能清洁化、创新引领"四大提升工程"。会同交通运输部、国家发展改革委、国家能源局印发《关于加快推进长江经济带船舶靠港使用岸电的通知》。主动与各级政府沟通汇报，推动构建"政府主导、电网推动、社会参与"的协同工作机制。大力推广电锅（窑）炉、热泵、港口岸电、粮食电烘干、电厨炊等技术，深度参与电动船舶、电制氢等新技术研发，推动电力市场化交易、共享替代等新模式应用，深挖替代潜力。向社会发布公司积极推进电动汽车、电能替代重要举措，带动社会共同行动。三是积极布局建设充电桩体系及车联网。推动高速公路、市内交通主干道等场景充电桩建设，提前在发展潜力较大的二、三线城市积极建设网点密集、使用便捷的充电基础设施体系；拓展车联网服务范围，提升车联网智慧化程度构建智慧车联网平台，实现不同品牌自有充电桩间的数据融合，依托大数据、云计算等技术深入挖掘数据价值，提升服务智能化程度，拓展车联网相关的数据服务等新兴业务领域。

二是积极推进综合能源服务。以工业园区、大型公共建筑、交通枢纽等为重点，积极拓展用能诊断、能效提升、多能供应等综合能源服务，助力提升全社会终端用能效率。建设线上线下一体化客户服务平台，及时向用户发布用能信息，引导用户主动节约用能。推动智慧能源系统建设，挖掘用户侧资源参与需求侧响应的潜力。构建面向综合能源服务的专项投融资金融产品体系，积极推动供电业务与综合能源服务的协同程度。

三是推动多元负荷健康发展。保障充电设施便捷接入，加强配电网规划与充电基础设施规划的衔接，引导充电设施合理分层接入配电网。扩大电气化终端用能设备比例，充分挖掘用户侧消纳新能源潜力，推动多领域清洁能源电能替代。积极培育负荷聚合服务、综合能源服务等贴近终端用户的新业态新模式，整合分散需求响应资源，打造具备实时可观、可测、可控能力的需求响应系统平台与控制终端参与电网调度运行，提升用户侧灵活调节能力。

四是推动新型储能高效应用。引导新能源合理配建储能，探索分布式新能源＋储能建设模式，鼓励采用低压台区分散部署的云储能建设模式。积极服务用户侧储能发展，支持重要用户、高载能工业、商企建筑、充电桩（站）等配置储能。稳妥推进电网侧储能应用，在电网关键节点合理布局独立储能。推进共建共享或共享储能新模式，探索集中式新能源场站内部配建储能的独立调用补偿机制，促进储能资源高效利用。

五是持续深化能效公共服务。依托省营销服务中心等单位，构建能效公共服务专业化支撑团队，提升从业人员业务能力；聚焦业务实施难点、痛点，开发实用化支撑工具，提升工作质效。深化能效公共服务与供电服务融合。强化综合化服务班组建设，提供全流程供电和能效公共服务。打造主业产业高效协同模式，做好能效公共服务向节能提效市场化服务合规引流。提升能效公共服务质量。依托信息化支撑工具，跟踪评价能效公共服务开展情况，提升电能能效账单解读质量；结合各类重点客户用能特点，持续丰富综合能效诊断报告主题。大力拓展能效市场化服务。深化开展综合能效服务。聚焦工业领域通用用能系统及重点耗能设备，开展节能改造；持续推动楼宇用能优化、公共机构能源托管等建筑能效提升工作；面向各类园区开展多能供应服务，挖掘余热余压余气资源，促进能源梯级利用。

六是加快分布式清洁能源开发及利用。开发园区、厂房屋顶优质资源，因地制宜开展涵盖分布式光伏规划设计、投资建设、运营维护的一站式服务，延伸拓展"光伏＋"等新模式、新业态。积极拓展能源增值服务。为客户提供能耗监测、智能运维等数字化服务，积极实施市场化售电、需求响应、辅助服务、碳交易代理等交易类服务。

七是挖掘能源互联网共建共享价值。积极打造能源数字经济平台，推进能源数据价值利用，利用大数据为经济社会发展服务。广泛聚合资源，为各类市场主体引流赋能，为客户提供能效管理、智能运维、需求响应等能效服务。汇聚各方力量，建设各类主体深度参与、高效协同、共建共治共享的能源互联网生态圈。

2.2.5　推动电网向能源互联网转型升级，创造新业态新模式

新世纪以来，受能源安全、气候变化等因素影响，全球能源正在向绿色、低碳的方向加速转型。与此同时，互联网经济蓬勃兴起，新一轮能源革命与数字革命相融并进。在此背景下，国家电网有限公司提出了建设具有中国特色国际领先的能源互联网企业战略目标。构建能源互联网的核心理念是用互联网思维推动能源系统与信息系统的融合发展，强调通过不同能源系统在物理层面的互联互通和数据信息层面的共享共控，打破能源流、信息流协同的物理壁垒和时空限制，从而有效统筹能源安全保障和清洁低碳转型，实现"双碳"目标。构建新型能源体系的核心理念在于充分挖掘各类能源在推动能源转型和保障能源供应安全方面的潜力，通过多能协调互补，"多措并举"，保障能源安全行业能源转型。能源互联网与新型能源体系发展理念、核心举措、实现路径等基本

一致。以能源互联网为抓手，建设新型能源体系符合能源发展规律，充分体现了公司战略的持续性和科学性。

（1）电网向能源互联网转型升级是必然趋势。

能源互联网是以电为中心，以坚强智能电网为基础平台，将先进信息通信技术、控制技术与先进能源技术深度融合应用，支撑能源电力清洁低碳转型、能源综合利用效率优化和多元主体灵活便捷接入，具有清洁低碳、安全可靠、泛在互联、高效互动、智能开放等特征的智慧能源系统。电网作为能源互联网的基础平台，其物理形态和功能形态与能源互联网高度一致，未来必将向能源互联网转型升级。

1）电网是能源互联网主体功能实现的根基所在。

电网是支撑多能互补的核心平台，能源开发侧的风光水火互济、能源消费侧的冷热电互补等均有赖于电网的支撑；电网是支撑主体互动的基础平台，电网易于通过标准接口和协议实现海量主体即插即用，支撑主体间的灵活互动；电网是支撑增值服务的基础平台，电网与用户互动多、信息化水平高、跨领域深度融合，开展能源增值服务潜力大、速度快、范围广。

2）电网形态向能源互联网演变并与其保持一致。

从物理形态看，电网将耦合多种能源、连接多元主体，与冷热气等非电能源加强耦合，实现峰谷互补、灵活转换，提升能源综合利用效率和整体安全稳定运行水平；从功能形态看，服务多元需求、支撑多元业态，电网关注所连接的各类主体的需求，提供相关服务，以开放共享的理念打造产业生态圈，加强自身业务创新，支持其他主体依托电网进行再创新。

（2）电网向能源互联网企业转型的关键路径。

从电网企业向能源互联网企业转型升级，意味着发展理念、电网功能、业务模式、服务水平等全方位的提升，对电网企业各项工作提出了更高的标准和要求。以理念转型为先导，同步推动电网技术功能升级和企业商业模式重构，是实现转型升级的关键。

1）发展理念转型。

从封闭向开放转变。传统能源中电力、热力、油气等主要领域规划、运行、管理保持独立，导致了效率低下、资源浪费等一系列问题。能源互联网以多能互补协同、基础设施一体化融合等理念、方法和技术为核心，推进能源系统整体协调发展，从而实现资源配置与利用效率的提升。这要求电网企业加快由传统的独立封闭式发展向开放融合式的能源互联网企业转变。

一是从竖井向平台转变。电网向能源互联网发展，不仅是传统意义上的电能输送载体，还将发挥重要的平台作用。电网逐步与交通、建筑等深度融合，遍及生产生活的各个方面，既是能源互联网的网络基础，也是支撑资源配置、多能互补、主体互动、能源交易、增值服务发展的重要平台。这要求电网企业从传统的"竖井式"发展模式中走出来，发挥基础平台作用，以共建共享共赢理念，促进能源互联网产业健康可持续发展。

二是从提供能源到提供服务转变。能源互联网下，技术创新将驱动业务革新，催生出一系列商业运营新模式。能源互联网的发展将带来开放的市场环境，诞生能源零售商、系统运营商、交易运营商等新的市场主体。各运营主体将以数据为核心，提供基于信息增值的系列能源服务。如用户侧提供数据驱动的创新服务、运营侧提供基于全景数据的优化服务、设备侧提供针对性的系统维护服务等。这要求电网企业从传统式提供能源的单一商业模式，向创新式提供各类能源服务转变，满足用户多样化、个性化需求。

三是从打造产业链到构建生态转变。能源互联网产业具有典型交叉融合特点。在能源互联网下，传统能源企业、新型能源企业、信息与衍生机构、生态跨界企业等将围绕产业链的核心企业形成产业集群，以获得新的互补技术、互补资产，降低交易成本，取得协作经济效益，分散创新风险。这要求电网企业从打造自身产业链向各领域企业协同发展的生态系统进化。

2）电网技术升级。

随着再电气化进程深入推进，新能源高比例接入、新型用能设备广泛应用，"大云物移"和人工智能技术与电网深度融合，电网的物理形态、运行模式、市场形态将发生根本改变，加快向"广泛互联、智能互动、灵活柔性、安全可控、开放共享"的新一代电力系统演进。

一是广泛互联，是指系统规模大、接入主体多，电网成为资源大范围优化配置平台。电力系统接入主体多样化，可再生能源在时间维度上具有季节性和时段性，空间维度上具有互济性。分布式电源、微电网、储能、电动汽车等新型用能设备大量接入，电力供需形态多样化，负荷特性呈现明显差异性和互补性。

二是智能互动，是指系统具备高度智慧化和交互性，电力生产、消费与电力市场紧密融合。"大云物移"和人工智能技术得到广泛应用，电网与互联网实现深度融合，电力系统全环节具备智能感知能力、实时监测能力、智能决策能力。发电和用户的双向选择权放开，发电侧与售电侧各主体在电力市场中广泛参与、充分竞争，用户通过经济政策或价格信号，实现主动负荷需求响应。

三是灵活柔性，是指系统具有强大的适应性和抗干扰能力，新能源消纳水平显著提升。储能、虚拟同步机、大功率电力电子器件、柔性输电等新技术、新设备广泛应用，系统的灵活性和适应性显著提升。源随荷动、荷随网动，源网荷实现联动，电网运行的弹性显著增强。

四是安全可控，是指系统具有高度稳定性和可靠性，电网安全可控能控。电网预防和抵御事故风险的能力显著提升，能够防范严重故障冲击，降低大面积停电风险。交流与直流、各电压等级电网协调发展，主网、配电网效率效益和供电可靠性双提升。网络信息加密技术普及，电力系统信息安全防护水平显著增强。

五是开放共享，是指系统具有高度开放性和共享度，电网成为综合能源服务平台。电力、燃气、热力、储能等资源，通过电网实现互联互通，能源综合利用效率得到优化。互联网理念贯穿各类用电业务，形成透明开放的服务网络，支撑分布式能源、各类用能设备友好接入。

3) 商业模式创新。

电网企业面对能源互联网这一新兴产业，应以供给侧结构性改革为主线，抓住能源系统开放、融合式发展这一重大转折点的发展机遇期，以市场为导向、客户为中心，广泛开展商业模式创新，通过基于能源领域新业务、新业态、新模式，为用户提供更好的能源服务。能源产业业态创新最终体现为一系列新的产品和服务、多种新型产业组织模式与管理模式、各具特色的商业模式和盈利模式等。

一方面，能源系统向能源互联网演进，将会在能源产业内部推动分布式电源、微电网、电动汽车、储能等能源产业内生型新业态大发展，促进电能替代、合同能源管理等增值业务的拓展，便于电网企业为客户提供多元化、个性化、互动化的综合能源服务，打造核心竞争力，延伸价值链条，形成一条龙的业务布局。另一方面，以信息、资本等要素与能源相融合为动力，推动形成一系列新业态，如以互联网为代表的信息技术与能源领域跨界融合形成了"互联网＋能源"型新业态、金融产业与能源领域跨界融合产生了"绿色金融"新业态。此外，能源作为各个领域升级的驱动力，推动形成低污染、低排放、低能耗的产业新业态，如能源领域的清洁化、电气化发展，推动交通领域变革，催生以电动汽车充换电服务等为代表的交通新业态；能源体系的变革催生建筑分布式能源、低碳建筑、建筑节能、建筑能源综合服务等能源新业态等。

(3) 电网向能源互联网转型升级的重点任务。

电网向能源互联网转型，应以能源互联网功能要求为指向，厘清当前电网与能源互联网发展的关系，明确实施路径与建设要点，减少各主体分散探索的投入与成本浪费，高效推动能源互联网建设。

1) 持续优化主网架规划建设和安全稳定运行。

电网主网架规划建设与安全稳定运行是能源互联网建设的工作核心和独特使命。能源互联网建设是一项复杂的系统工程，凭任何一家企业一己之力都是无法完成的。加快推动建设能源互联网，电网仍是核心与基础，即通过优化完善电网主网架的规划与建设,提高电网运行安全稳定性,实现电网在能源互联网中的核心基础平台作用。整体来看,当前缺乏从国家能源整体发展视角进行电网主网架规划建设的理念,能源品种壁垒尚未完全打破,联合规划机制尚未完全形成,能源大系统的经济性和效率相对较低。

应重点从规划建设、稳定运行、安全防御等方面推进相关工作:一是推动从国家能源发展整体视角科学规划建设特高压交直流输变电工程,推动源网荷储协同规划,全面加强系统支撑与调节能力建设;**二是**挖掘电网安全稳定运行潜力,构建大电网深度量化分析和统一平衡体系,提升电网运行风险把控能力与精益化水平,推动更大规模能源跨区跨省安全高效输送和全局消纳;**三是**持续完善电网三道防线,提高自愈能力,加快构建自主可控的立体安全防御体系和多层级协同运行控制体系。

2)提升城市配电网安全可靠性和灵活互动性。

城市作为能源互联网建设的主战场,其配电网可靠性和互动性是能源互联网发展的基础和关键。城市汇聚了全球 50% 人口、创造了 80% 的全球 GDP、消费了 75% 的全球自然资源和 80% 的能源供应,产生了约 75% 的全球碳排放,城市能源互联网是能源互联网建设的主体。[1] 能源互联网下,城市配电网除电能传输配置外,还将肩负多能转换、多端协调、多元接入等功能。城市配电网的重要地位更加凸显,其安全性和可靠性是实现能源互联网核心功能的重要保障。多元主体借助新业务与新模式进行能源与服务的市场化自由交易是能源互联网的本质功能,而互动性是实现这一功能的关键。当前城市配电网规划和能源互联网规划尚未统一,与其他城市子系统的联系较弱,对多能协调互补、源网荷储互动考虑不足,无法完全支撑多方深度互动与自由交易,难以满足未来能源互联网发展需求。同时,城市能源互联网的建设推广路径尚未明确,大型重点供电企业的示范作用尚未有效发挥。

---

[1] 云能智库. 城市级综合能源规划顶层设计及政策机制〔EB/OL〕. 2018-12-11. http://www.sgcio.com/news/zh/103113.html.

应重点从**顶层规划、示范推广、能力提升**等方面推进相关工作：**一是**加快开展城市能源互联网规划，厘清其与城市配电网规划、数字化规划、业务规划等之间关系；**二是**以大型重点供电企业所在城市为样板，发挥区域内城市发展水平、产业结构、用能特性等相近优势，将能源互联网建设经验向周边城市复制，实现能源互联网的高效推广；**三是**提升城市配电网物联感知、平衡调节、安全防御、应急保障能力，提高综合能源系统规划设计、优化运行、建设运营能力，深化柔性负荷应用，提升需求侧响应能力。

3）面向需求加快提升电网和企业数字化能力。

提升电网和企业的数字化能力是推动电网智能化和企业治理能力现代化的重要基础，是能源互联网建设的重要前提。能源互联网下，新型用能形式不断涌现，用户需求向个性化、定制化、多元化转变，电网作为能源互联网的核心平台，需要进一步提高数字化能力，推动电网从数字化、智能化向智慧化发展，支撑各类能源协调互补，实现各类业务蓬勃发展。同时，公司作为电网的运营主体，其现代化治理能力的提升是实现电网核心平台功能的重要基础，也是提升企业运营效率、降本增效的重要抓手。

应重点从应用产品质量、数据分析应用、数据综合治理等方面推进相关工作：**一是**面向业务发展需要，围绕管理提升，加强数字化转型顶层设计，将平台、应用等产品与知名互联网企业对标，切实提升质量；**二是**加强电网数据资源整合挖掘与分析应用，构建完整的、系统的、多层次的云计算服务，实现对能源互联网运行状态的全局掌控；**三是**建立集数据管理、数据梳理、数据质量提升和数据应用为一体的数据治理体系，提高数据资源的完整性、系统性、准确性和时效性。

4）进一步推动电网技术装备高端化和智能化。

电网装备高端化和智能化是能源互联网可持续发展的重要物质基础。从电网设备来看，存量电网尤其是存量配电网设备老旧问题较为突出，需要通过设备的高端化和智能化升级，满足能源互联网建设需要；从系统运营来看，高端智能化装备是在多能互补、源网荷储协调、新业态不断涌现的复杂环境下，实现系统功能升级和安全稳定运行的重要保障；从产业发展来看，要实现公司在能源互联网行业的持续引领，推动装备的高端化和智能化是重要抓手。

推进智能制造产业发展，是实现电网装备升级、系统高效运营、产业持续引领的重要前提。当前智能制造产业的管控模式缺乏灵活性，产业整体发展难以适应市场化需求，仍沿用电网传统管控模式，在投资、计划、预算、考核、激励等方面的管控机制与高度市场化的需求存在差距。产业整体创新能力不强，市场开拓和竞争能力有待提升，与公司战略目标要求、市场同业标杆等还有较大差距。

推进重点上，一是打造科技创新资源共享平台，汇聚能源互联网建设有关需求、技术、产品、服务等要素信息，完善以公司为主体、市场为导向、装备制造企业为依托、产学研用相结合的技术创新体系；**二是**提升科技成果孵化转化服务能力，建立矩阵式的研发能力布局和跨产业协同平台，统筹协调各参与主体，促进能源互联网产业链上下游以及与相关行业之间的有效融合，构建能源互联网技术创新和产业发展体系；**三是**应用智能传感、设备物联、边缘计算、5G 通信等互联网技术，提升电网装备状态实时感知、柔性交互和自主研判能力，实现电网装备的智能化升级，带动相关能源互联网装备研发、制造产业发展。

2.2.6 以数智化为抓手在现代化产业体系建设中发挥独特性作用

能源革命已经成为能源发展的主题。能源供应由单一品类能源直接供应向多种能源参与的综合能源服务模式过渡。用户在能源生产、消费环节参与程度显著提升，对能源业务模式影响逐渐加强。数据让能源电力企业与用户联系更加紧密，提升企业对客户需求的灵敏度，增强企业对市场的适应能力和抵御风险能力，数字革命正在成为能源革命重要的推动力量。因此，新型能源体系构建应当顺应数字革命与能源革命相融并进的历史契机，不仅仅应当在能源革命中有所作为，在数字革命中也大有可为。

数字革命是新型能源体系建设的充分条件。过去 20 年以来，以信息通信技术为代表的数字技术带来了数字产业的崛起，数字革命与能源革命加速融合正在催生电网以数字化智能化的新形态为经济社会提供更加广泛的基础服务。现代能源体系中数字化、智能化转型和数字经济的发展，应当以新发展理念为引领，以数据作为关键生产要素，以能源新型基础设施建设为载体，不断提高能源行业整体全要素生产率，通过数据赋能传统产业和数字能源产品新兴产业，不断推动新模式、新业态、新产业蓬勃发展，为推进能源电力中国式现代化发展提供核心推动力的新型经济形态和发展业态。

能源经济增长需要新的数字化动能。数字经济的一个重要特征是将数据纳入主要生产要素。随着电力数据在获取、存储、分析等相关技术的不断提高，能源电力大数据已经成为推动宏观经济决策支撑与产业创新发展的重要生产要素，对能源系统、经济系统的生产、流通、分配、消费活动以及经济运行机制产生了重要的积极影响。需要推动新型能源体系建设的数据要素变革：一是推动数据要素流通与机制建设，培育新的市场；二是推动能源电力大数据分析挖掘与产业赋能，赋能实体经济；三是加速能源数据基础设施的建设，巩固数字经济。

(1) 在能源数字经济发展中发挥新的特殊贡献。

习近平总书记指出，建成现代化经济体系，形成新发展格局，基本实现新型工业化、信息化、城镇化、农业现代化。要加快建设网络强国、数字中国，促进数字经济与实体经济深度融合。我国"十四五"规划指出，数字经济发展速度之快、辐射范围之广、影响程度之深前所未有。

综合来看，新一轮科技革命、产业革命发展的共同点在于新能源技术、数字技术、数据要素、数字产业的加速发展。同时具备超大规模电力网络基础设施和超大规模算力规模基础设施的中央企业，应当推动以数智化为抓手在现代化产业体系建设中发挥独特性作用。而且能源电力有海量数据和丰富场景能够为能源数字经济的发展注入新动能、新价值。因此构建新型能源体系不仅是能源电力系统新时代的重要战略机遇，也是发展现代化产业体系、现代化经济体系的重要抓手。

总的来看，现有能源央企普遍在硬件资源、数据资源、技术架构、业务系统等方面的建设和应用取得了显著成效。能源领域数字化智能化基础设施不仅适用于内部企业管理与电力电网建设运营，还能够为经济社会提供坚强的算力与电力基础，从而在促进中国式现代化进程中发挥新的重大作用，因此新型能源体系构建应当在能源数字经济中发挥特殊作用，以能源数字经济模式和生态促进现代产业体系健康发展。

构建新型能源体系需要从"资源""能源"和"数据源"三个维度加强对现代产业体系乃至国计民生的支撑。需要看到能源大宗商品属性下的原材料资源需求，煤炭、石油、天然气是重要的化工原料，支撑化肥生产、橡胶塑料等庞大石化煤化工业的下游行业运行，因此需要着力提升监测、预判和协调能力。能源行业作为高度嵌入经济社会生产活动中的基础行业，承载着全社会全行业经济高质量发展的基石责任，作为经济发展的"源动力"，能源行业的数字化发展需要着重关注和提升干系社会民生的重点领域的安全保障能力。比较容易忽视的是能源大数据本身的数据资产价值，需要着重提升中台输出能力和数据服务水平。由于能源行业直接关系经济社会发展全局，能源央企中积累的大量生产、设备、运行数据等，也是其助力社会业务转型和创新的要素资源基础，因此，需要能源央企的"资源优势＋技术优势"有效结合社会各方的"信息优势＋思维优势"，才能在数字经济发展和跨界融合中持续发挥作用，助力新型能源体系和现代产业体系构建。

（2）确立新型能源基础设施驱动的新服务新模式。

能源电力系统的数字化智能化转型是技术、形态、功能上的全面转型，需要深刻对接国家数字中国发展布局，进一步发挥数据要素赋能、放大、倍增效用，以数字化技术推动产业升级和绿色低碳的数字生态构建，全面保障能源电力数字化智能化转型的系统性、全局性和安全性。

发挥新型能源基础设施功能价值，推动算力与电力融合发展。电网正在成为承载算力与电力相互融合的新型能源基础设施，可以为能源电力系统、现代产业体系的生产、消费、流通中提供基础性能量转换、信息互联互通、价值共建共享等功能。要积极参与到新型基础设施的建设，在科技创新攻关与技术标准制定上贡献重要力量。要将数字化基础设施与能源电力基础设施建设统筹考虑，积极参与到以能源数字技术、能源数字产业、能源数据要素、能源数字市场等为代表的能源数字经济发展新赛道，充分发挥能源统一规划在落实能源安全新战略、引领能源高质量发展中的战略导向作用。

发挥数字技术与能源电力协同融合发展优势，助力全行业全社会智能化升级。运用数字化手段建立深层次的协同互动关系，实现能源行业协同运营。运用数字化手段建立"一体化集中管控、智能化高效协同、可视化高度融合"的协同调度智能化指挥平台和"全流程贯通、全产业链衔接、全场景监控"的工业互联网平台，以数字电网承载新型电力系统与能源新型基础设施，以数据流引领和优化能量流、业务流，实现"产运销储用"一体化运营。加强物联网、云计算、大数据、人工智能等数字技术在新型电力系统与能源新型基础设施中的深度应用，提升各类能源电力基础设施自身的联网率与智能化水平，以及彼此之间的协同性、交互性、自发性联动能力，从底层技术层面主动搭建起新型电力系统与能源新型基础设施之间协同互动的坚实桥梁。同时，还要注意制定科学合理的数字技术应用标准规范，以平衡短期资源技术限制与长期可持续发展之间的矛盾。

发挥能源数字经济的赋能增值作用，实现全社会价值共享和全要素生产率提升。新型电力系统与新型能源基础设施之间依托数字化技术和数据连接，实现深层次的交互与交叉赋能。电力与算力的相互融合有力促进能源数字经济发展，使电力市场交易更加安全、高效、稳定。充分发挥能源数字经济中巨大的人才、资金、创新等要素价值，利用市场化手段辅助破解安全、经济、绿色协同发展中的资源配置难题，从全社会范围调配最优资源支撑新型电力系统与能源新型基础设施耦合共建，以精细化资源匹配与规模化资源汇聚催化新型能源体系创新发展，并将建设成效最大程度反馈至全社会。

（3）以绿色数智供应链带动上下游产业链高效协同。

能源电力系统是全球最大的公共事业服务系统，构建新型能源体系关系国家能源安全和国民经济命脉，在新型能源体系建设中构建绿色数智的能源电力供应链，充分发挥战略聚合力和生态主导力，将有利于促进能源电力绿色数智化发展，带动上下游产业链高效协同，助力现代化产业体系构建。

以采购为切入点，拉动全供应链绿色数智化发展。在建立全供应链全寿命周期质量保证体系、产品认证体系、绩效评价体系方面精准发力，优选智能制造程度高、质量自动化控制水平高的优质企业，优选技术能力强、创新能力强、履约能力强、诚实守信的优秀企业，优选绿色低碳环保、综合性价比好的优质产品，采购设备"好中选优"，激发企业内部和外部两个市场活力，提升供应链发展质效和能源电力本质安全，服务能源电力保供，助力新型能源体系建设和现代产业发展。

以科技创新为着力点，引领上下游软硬件实力全面提升。依托全供应链的数据打通、链条打通、机制打通，持续创新、精益管理，敏捷地从生产运营真实场景中发现堵点、卡点、难点，分工协作进行基础研究、工艺提升、生产研发、设计建造、运行维护等整体性联合创新攻关，集中优势力量开展"卡脖子"技术突破攻关，推动供应链锻长板、补短板，提升安全自主可控水平，引领供应链数字化、智能化、绿色化升级，全面带动供应链现代化水平提升，助力"双碳"目标实现和新型能源体系构建，服务能源转型和高质量发展。

以云平台为融合点，推动全产业链现代化加速建设。汇聚能源电工装备上下游企业、行业组织、政府部门和产业链所有利益相关方，建设新型能源体系产业链供应链基础大数据库，将碳监测、碳管理纳入数字全链条，开展专业化、规范化、透明化阳光服务，提升全链资源要素调动配置能力，提升供应链上中下游、大中小企业优化整合、开放合作，促进打造更多企业单项冠军、高质量供应链产业集群，实现供应链、产业链、创新链、资金链、人才链与价值链融合，助力现代产业体系建设，服务经济社会发展。

综上所述，在新型能源体系构建中，需要抓住数革命与能源革命历史契机，在数字经济发展中充分发挥能源电力大数据的新要素价值，着重推动建立了一套贯穿全链业务环节、产品服务的统一供应链标准体系，加速算力和电力融合，实现新型能源体系与现代产业体系建设的数智高效，加速推动现代产业体系构建和全社会高质量发展。

2.2.7 多措并举、分阶段进行电力供应成本疏导，全社会共享发展红利

总体判断，电源方面，煤电、气电度电成本上涨较快。一是燃料成本上涨，预计 2025 年煤炭和天然气价格较 2020 年分别上涨 11％和 63％、2030 年分别上涨 21％和 82％；❶ 二是煤电灵活性改造导致成本增加。**风电综合度电成本上涨、太阳能发电先涨后降**，一是有补贴的情况下新能源上网电价低于基准价，补贴退坡导致用户承担的新增装机成本上涨；二是海上风电成本高于陆上风电，一方面造价较高的海上风电装机比例上升，另一方面技术进步带来的造价降低可一定程度降低风电综合度电成本上涨趋势，但综合而言，风电综合度电成本仍将呈上涨趋势；三是虽然造价较高的光热发电装机比例小幅上升，但技术进步降低了电源造价，太阳能发电度电成本下降。**水电度电成本上涨**，主要原因是新增水电多为西南高海拔地区，造价较高。**核电度电成本下降**，主要原因是，对于存量核电机组，政府核价参数较为宽松，平均上网电价较高，新增核电机组多为三代核电，核价参数较为严格，平均上网电价较低。**生物质发电度电成本基本稳定**，预计政府对生物质发电的补贴将长期存在，度电成本将基本保持现行标准。

---

❶ 国际能源署（IEA）. 2023 年世界能源展望［R］. 2023 - 10 - 24.

电网方面，从电网投资驱动因素看，主要包括满足用电量和负荷增长的投资、满足新能源大规模发展的投资以及由于存量设备退役产生的资产置换投资。对于服务电量增长的投资，由于电量增速逐步放缓，此部分投资逐渐下降。对于服务新能源发展的投资，既包括新能源接网投资，也包括上级电网增容补强投资。对于资产置换投资，随着资产成新率降低，预计自 2040 年起资产退役规模将迅速增大，退役资产置换将成为电网投资的主要动因。为满足新型电力系统建设，电网投资需求仍将保持年均 6000 亿元规模，**用户度电承担的输配电成本小幅上涨。**

损耗及平衡成本方面，损耗包含电网输电损耗及各类储能抽发损耗，新型主体平衡成本包含需求响应成本、电化学储能成本、抽水蓄能成本。据测算，此部分成本在 2020－2030 年将快速上涨，但由于总体规模较小，2025、2030 年占电力系统总成本比例不高，分别仅约 5.3%、6.7%。

为适应电力系统成本上升趋势，需充分利用"两个市场，四个渠道"向终端用户传导电力系统成本，保障电力系统可持续发展。

两个市场：一是通过高效的电力市场向终端用户传导电源成本。充分发挥大电网、大市场优势，在全国范围内优化配置资源；通过市场发现真实价格信号，引导各类电源合理配置；完善辅助服务市场规则，增加辅助服务品种并顺畅成本传导渠道；探索建立容量市场等配套机制，充分传导成本。**二是通过健全的碳市场统筹配置电力系统碳排成本，在更大范围内分担"双碳"发展成本**。碳排交易范围向发电行业外的其他行业扩展后，碳排成本需在多个行业合理配置；中国核证减排量（China Certified Emission Reduction，CCER）抵消机制重启后，绿证作为自愿减排的重要凭证应发挥重要配置作用。

四个渠道：一是完善科学电价体系，畅通电力系统成本传导渠道。推进输配电定价体系向纵深优化，充分传导输配电成本；利用电力市场形成终端用电价格信号，实现成本公平负担及有效传导。**二是健全电网专项收费机制，向受益主体传导服务成本**。加强监管性服务收费管理，确保准许收入全额回收；丰富市场性质服务收费业务，助力营造良好电力生态。**三是统筹利用社会资金，支持新型电力系统建设**。推动政府完善支持绿色发展的财税政策，加大整体支持力度；积极争取国有资本金对新型电力系统建设的支持；推动完善绿色金融政策体系，加大绿色金融对新型电力系统建设的支撑力度；积极吸纳社会资本参与清洁能源发展，拓宽融资渠道。**四是利用碳价市场机制，合理分担新型电力系统成本**。加快碳市场建设步伐，建立电－碳市场耦合机制；建立碳市场中的可再生能源抵扣机制，分担部分新能源发电成本。

图2-1所示为电力系统成本传导框架图。

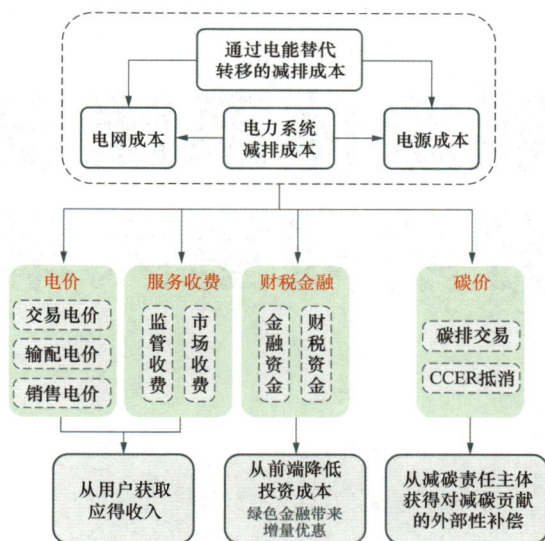

图2-1 电力系统成本传导框架图

（本章撰写人：闫晓卿、傅观君、孙启星、叶小宁、朱文浩、张富强、王雪、郭健翔、刘卓然、姚力、陈海涛　审核人：闫晓卿、傅观君）

3

新型能源体系建设的
分阶段重大举措

3.1 推动新能源高质量发展

近期（当前至 2030 年左右）：构建适应新型能源体系建设的电力市场机制，建立健全中长期、现货电力市场机制，创新交易品种，积极推进电力辅助服务市场、容量市场建设，加快全国统一电力市场建设进程，做好电力市场与绿证市场、碳市场的衔接；建立促进新能源开发消纳的价格机制，制定完善抽水蓄能电价实施细则，创新新型储能电价机制，保障项目合理收益，优化跨省区输电价格核定和动态调整机制，促进清洁能源更大范围消纳；创新绿色低碳技术攻关机制，探索建立重大能源技术装备攻关的新型举国体制，采用"揭榜挂帅""赛马"等方式，加强战略性前瞻性集中攻关，推动新能源、储能、氢能等重点领域国家研发投入、引导社会资本投入。

中期（2030－2050 年左右）：进一步健全服务新型能源体系建设的绿色电力环境价值体系，积极推进绿电绿证交易，提升全社会绿色电力消费需求，提高绿证市场活跃度，充分体现新能源的绿色环境价值和碳减排权益，发挥绿证在新能源参与电力市场的场外保障作用；完善推动可再生能源发展的考核体系，优化可再生能源消纳权重分配方式，稳步提高可再生能源消纳权重指标；形成市场主体广泛参与的激励机制，推进源网荷储一体化和水风光蓄一体化基地的一体化规划、建设、运行和参与市场，鼓励新能源企业与抽水蓄能、煤电企业联投联建联运，制定促进分布式新能源开发的激励政策，引导和激励金融体系以市场化方式支持绿色投融资。

远期（2050 年以后）：新能源发展转向依靠经济驱动，各地区考虑新能源资源条件、自身发电经济性、电力系统调节能力以及新能源接入和消纳的系统成本，测算并发布新能源经济消纳规模，引导新能源投资者合理建设规模与优化布局；强化市场化手段对高比例新能源接入系统成本的疏导，依靠市场手段对系统成本和收益在源网荷储各类资源之间进行分配；完善适应高比例新能源接入的系统成本非市场化疏导机制，对于不能依靠市场化手段疏导的系统成本，完善成本疏导机制，包括建立健全系统灵活调节服务的补偿机制，对于未建立容量市场的地区，完善容量价格或补偿机制，以及推动服务新能源的电网投资成本足额纳入输配电价核定。

3.2 提升能源电力安全发展水平

近期（当前至 2030 年左右）：

初步完成能源安全保障体系构建。稳定煤炭保底供应，加快煤炭清洁化利用，加大油气资源勘探开发，拓展油气进口渠道，提升能源通道安全，推进可再生能源增量替代，着力提高重要矿产等战略资源自主供给保障能力，推动新型电力系统构建，加快现代能源体系构建，充分发挥市场在能源安全保障中的关键性作用，力争 2035 年左右实现能源资源、能源通道、能源市场一体化下的能源安全保障体系构建。持续提升能源资源自给率。面向世界，实现开放条件下的能源供应链安全稳定可控。基本建成多能互补协调发展、源网荷储灵活互动、运行控制灵活可靠的综合能源体系。组建能源应急安全管理部门，能源应急保障机制常态化和制度化，提升能源应急管理数字化智能化水平，推进能源应急管理智库建设，建立应急管理人才储备体系，提升社会民众应急管理能力。

将重要发输变电设施纳入国家管控范围，特殊时期、敏感区域加强保护力量部署和支援。进一步加强电力设施保护条例及电力保护法规贯彻执行，组建联合执法队，建立政企联合、警企联动、联防联控机制，共同做好关键电力设施保卫工作。加强对用户配置充足自备应急电源及非电保安措施的监管，促进从源头提高高危及重要客户用电安全水平。落实分布式电源、微电网等新增主体及大用户、设备厂家安全责任。

中期（2030－2050 年左右）：

形成多元清洁的能源安全保障体系。能源系统完成从传统化石能源向清洁能源为主体、多种清洁能源协调发展的转变，能源自给率达到 90％以上。能源产业链供应链、战略性矿产资源、关键原材料和核心零部件等高度自主可控，市场在保障能源安全水平的能力持续提升。实现把能源的饭碗牢牢地端在自己的手里，为现代化建设提供坚实支撑。

持续完善电力网络安全标准体系，针对核心城市生命线工程，完善统一电力网络安全防护标准体系，提高网络系统准入门槛，增强网络抵御能力。加强核心技术及产品自主研制政策激励，持续推动国产化芯片核心技术攻关及应用。

3.3 推进能源法治化水平

近期（当前至 2030 年左右）：

初步构建以能源基本法为统领协调统一的能源法律体系。加快推动《能源法》的制定，对《电力法》《矿产资源法》《煤炭法》《可再生能源法》《节约能源法》等制定实施时间较早的法律进行修订与更新，在能源规划、能源市场建设、能源协同发展、能源价格机制、清洁能源消纳等问题上做出回应，为支撑和鼓励能源转型提供制度保障。坚持能源市场竞争性环节全面放开，厘清政府的行政边界。打破市场准入环节的各种不合理限制与隐性壁垒，全面实施负面清单制度，负面清单外的领域、业务，各类市场主体可依法平等进入营造公平、透明的营商环境。

中期（2030－2050 年左右）：

推动能源法律体系与其他法律制度的衔接与协调。新型能源体系法律制度涉及污染防治法、资源法、能源法、税法、科技法等多个体系，事关能源、工业、交通、建筑等多个重点领域，在多元复杂的立法体系中，需要增强能源法律与其他法律之间的协调性，形成枉互贯通、相互补位的法律制度体系。同时，要增强不同法律体系执行与实施上的衔接性，加快构建包括发展改革、生态环境、自然资源、城乡建设、科技、金融监管部门等多部门组成的综合行政执法体制机制，形成职权边界明晰、责任承担明确、信息共享、协调联动的综合执法格局。

远期（2050 年以后）：

全面推进法治中国建设，实现能源治理法治化，在法治轨道上加快建设能源治理体系和治理能力现代化。健全完备能源法律体系，实现能源法律与能源政策、能源法律与其他法律法规、国家立法与地方立法、能源法律与各项标准的有效衔接；切实发挥能源战略规划、能源市场建设、能源价格机制、能源安全保障等全链条各环节的法律制度功效。营造了公平透明、协同高效的能源营商环境，人民对美好生活用能需要的法律制度更加完善。清晰界定能源主管部门与其他部门的职责分工与权责边界，并实现在能源综合事项中依法行政、协同治理。

3.4　全面提升能效水平

近期（当前至 2030 年左右）：

在节能提效方面，加快钢铁、石化、建材等行业转型升级，坚决遏制"两高"低水平项目盲目发展，提高新建、扩建"两高"项目节能环保准入标准。加快节能减碳技术的研发革新，在工业领域，突破并推广富氢碳循环高炉冶炼、氢基竖炉直接还原铁、合成气一步法制烯烃/乙醇、冶炼余热回收、氨法炼锌等技术。在建筑领域，推广被动式建筑节能、绿色照明、高效节能家电等技术，大力拓展光伏建筑一体化（Building Integrated Photovoltaics，BIPV）市场，屋顶光伏试点取得明显成效。在交通领域，新能源汽车逐步成为汽车增量的主体，2030 年后不再新增燃油车，突破智能牵引供电成套技术、高速列车轻量化技术，生物质航油、氢能等新能源在航空领域的应用比重进一步提升。**在结构优化方面**，结合对能源消费总量达峰趋势的研判，及时调整优化2030年能源消费总量控制目标，制定相关配套措施。加快能源"双控"向碳排放"双控"的转变。明确各行业碳排放强度控制目标，结合2030年前碳达峰要求，设定相对总量目标，逐步向以碳排放强度控制为主、总量控制为辅的"双控"制度转变。

中期（2030—2050年左右）：

在节能提效方面，通过市场化手段进一步提高全社会节能提效水平，逐步开展碳金融、电力金融衍生品等交易，着力发展能源区块链技术，构建能源系统的分布式交易体系，通过供需各方的高效协同，提升能源系统的运行效率。通过数字化技术提升能源配置和利用效率，广泛部署需求响应智能设备及其自动控制软件，实现对大量用户能源需求响应的实时全自动控制，发掘能源需求响应潜力。**在结构优化方面**，以风光为代表的清洁能源逐步成为一次能源供应的主体，2035年前后风能首次成为最主要的非化石能源品种，2045年后太阳能成为第二大非化石能源品种。由于电能在部分高能耗、高排放领域的替代能力有限，大力开发氢能能够填补电能不足，助力能源消费侧深度脱碳。

远期（2050年以后）：

在节能提效方面，将大规模应用颠覆性、突破性数字化技术，节能提效深入到具体设备和单元模块，工业、建筑、交通等重点领域实现全清洁能源供能。需求响应全面实现智慧化控制并参与系统调节与优化运行，成为节能提效的关键手段。所有重点领域用户全部参与市场化交易，交易模式和形态进一步多样化，能源配置和利用效率极大提高。**在结构优化方面**，能源消费逐步全部由清洁能源满足，氢能、氨能在工业领域大规模使用，交通领域燃料主要为生物质燃油、氢燃料，可控核聚变技术取得突破，核能电厂取代化石能源电厂，在电力系统安全运行中发挥"兜底保障"作用。

3.5 推进能源互联网建设

近期（当前至 2030 年左右）：

随着能源互联网的深入推进，社会各方对能源互联网的认识日渐统一。无论是能源视角、经济视角，还是社会视角，网络经济和多元价值都是能源互联网建设的基础与关键。能源视角上，破除电、热、冷、气、氢互联互通、互补协同的壁垒，实现多种能源的耦合协同，促进能源清洁低碳、安全高效发展；经济视角上，实现多利益主体、能源与各类产业之间的经济链接，立足能源互联网的经济价值网络属性，以能源为载体承载价值流动，通过能源网络的广泛链接最大化产业经济效益；社会视角上，链接最广泛能源用户，顺应"能源社会化"发展趋势，服务用户用能成本降低，满足人民日益增长的美好生活需要，助力能源民生改善。

中期（2030－2050 年左右）：

应进一步创新网络经济理论，重点从能源-经济-社会视角重构对能源互联网多能协同网、价值传输网的认知。一是以互联网思维、多主体互动机理、网络经济理论等为研究基础，深度结合对市场、行业、产业、业态等变化的精准洞察，面向能源互联网商业模式、业态创新和产业链等全面开展战略性、理论性、前瞻性、探索性的深化研究。二是构建科学适用的能源网络经济理论体系，深化、细化、量化能源互联网运营模式、商业模式等研究，形成实操工具，提出适应市场环境下多要素、多主体、多环节协调发展与公司不断创新发展的业态模式和业态生态创新理论与实践方法。

远期（2050 年以后左右）：

结合新型能源体系的建设情况，创新开展分布式新能源、新型储能、新能源微电网等关键要素的交互融合形成的新型业务，以及这些业务的运行模式、商业模式和业态创新等研究，研究基于新业务、新业态和新模式的多维价值的重构与评估。

3.6 提升能源数字化、智能化发展水平

近期（当前至 2030 年左右）：

初步建成新型能源基础设施，构建新型能源体系赋能现代化产业体系发展的理论模型方法和商业模式雏形。 做好新型能源体系和新型电力系统的数字基础设施建设工作，在硬件设施层面形成能够支撑未来百年数智化发展的坚强底座；适度超前研究新型能源体系赋能现代化产业体系的理论研究和商业模式研究，依托新一代通信技术和网络空间技术构建未来现代产业体系的能源形态。

中期（2030－2050 年左右）：

新型能源体系的绿色数智现代化特性得到长足发展，依托能源数字经济与现代产业体系深度耦合。 能源数字经济理论与实践方法应用得到长足发展，基本建成具有绿色数字现代化等特征的新型能源体系，能够依托数据要素的价值释放创新途径不断延拓新型能源体系赋能国家治理与社会民生的路径领域，形成新型能源体系与现代产业体系深度耦合融合的并进互促格局。

远期（2050 年以后左右）：

形成满足与支撑中国式现代化美好实现需求的新型能源体系，并依托元宇宙、空天信等技术实现融入现代产业体系并持续进化。 到 21 世纪中叶，新型能源体系能够坚强支撑中国式现代化的美好实现，该阶段能源电力系统在坚强保障能源物理安全支撑的同时，更多依托能源数字技术和数字产业化服务社会建设，依靠元宇宙、数字孪生、空天信一体化等未来科技实现与现代产业体系的完全融入并持续迭代进化。

3.7 合理疏导能源电力供应成本

近期（当前至 2030 年左右）：

电力市场框架已逐步建立，但仍存在机制不完善、部分机制缺失的情况，不利于电力系统长期安全稳定运行。从 2021 年我国经历的煤炭价格大幅上涨，导致煤电企业大面积亏损、部分地区限产限电等情况看，市场化电价机制未能充分疏导发电成本是其中关键问题，影响了电力系统安全。随着深化煤电市场化政策出台，市场规模和电价机制有了突破性进展，但面对未来趋于紧张的保供局面，仍需通过完善市场化价格机制，保障电力系统安全运行。

因此，在当前阶段，电力价格机制建设主要目标是稳定电力供应能力，保障电力系统安全运行。要在新版"两个细则"基础上，进一步健全电力辅助服务市场机制、扩大辅助服务规模；要以广东、山东容量补偿机制经验为起步，大力推进煤电合理回收容量成本；要在各地需求侧响应机制实践中，探索建立基于市场的用户侧灵活性资源激励政策与机制；要总结第一、二监管周期输配电核价经验，在第三周期完善输配电价核定方式。

主要举措包括：一是调整并丰富辅助服务市场产品种类，如实现调峰产品与现货市场衔接、细分传统辅助服务产品、扩展新品种等，推动成本分担机制优化、细化。**二是推进容量市场建设**，吸收容量补偿机制经验，以省内试点起步；后在受端大区建立区域容量市场；最后建成全国统一的容量市场，保障煤电成本合理回收。**三是优化需求响应价格和分时电价机制**，充分挖掘用户侧灵活性资源；完善尖峰电价机制，筹集需求侧响应资金；充分运用分时电价增强调节效果。**四是争取在第三监管周期核价时将政策性投资纳入核价范围**，探索将乡村振兴、用户红线外投资、煤改电等投资纳入核价范围，确保电网成本合理回收。

中期（2030－2050 年左右）：

随着市场机制得到健全，电力系统安全获得基本保障，需逐步完善电价机制，助力电力系统低碳发展。 目前我国新能源年发电量尽管规模较大，但主要采用政府补贴等行政手段推进电力系统低碳转型，市场化交易电量占比不高，且多为省间交易，市场化配置能力不强。新能源逐渐成为主体电源后，原有的发展路径已很难适应新发展要求，亟须建立以市场为主的新能源资源配置机制替代原有发展机制，引导低碳转型。

因此，近中期，电力价格机制建设的主要目标是建立并完善反映"绿色"正外部性的价格制度，鼓励用户参与新型电力系统建设。 要以绿色电力交易起步，加快市场发现价格的能力；要在前期分布式交易机制探索的基础上，建立完善系统备用费制度；要在"准许成本＋合理收益"核价方式下，设计可提供位置信号和时间信号的输配电定价机制；要进一步加强引入并用好各类资金，鼓励社会资本参与电力系统"双碳"投资，充分利用绿色金融工具助力新型电力系统建设。

主要着手五方面工作：一是逐步减少保障性利用小时数， "计划电量"按政府授权合约参与市场交易；严格按合理利用小时数执行补贴，控制补贴缺口；完善新能源消纳机制，支持通过多种市场渠道完成消纳。**二是坚持以"谁受益、谁承担"** 原则确立由分布式电源及相关用户合理分担电网备用费用，扩大两部制电价执行范围，保障电网企业固定成本回收；对新增用户自主申报电网备用容量需求，按需收费；依据安全备用总成本，采用峰荷责任法科学分摊成本。**三是鼓励社会资本通过政府和社会资本合作模式投资，** 鼓励具有规模优势的长期资金设立绿色产业基金实现投资引导，鼓励设立绿色私募股权投资或风险投资基金，投资前景较好的市场化项目，针对成熟的能源电力基础设施项目发行不动产投资信托基金。**四是考虑全社会电能替代导致的碳成本转移，** 明确超预期电量增长的碳排责任，为转移碳成本提供相对充足的免费配额指标，并允许向其他行业出售以回收减碳成本。**五是完善接入价政策，** 利用价格机制反映电源/用户位置信号，探索建立分时输配电价制度，从而有效发挥价格信号引导作用。

远期（2050 年以后）：

随着市场化电价机制得到完善，需逐步加强配套机制建设。我国电力市场建设相对独立，未与其他市场形成协同运作合力。随着电力系统实现"双碳"目标任务的有序推进，电力市场需与碳市场、金融市场、财税政策等建立紧密联系，形成多个市场间价格、成本的耦合关系。同时，随着新型电力系统逐渐发展壮大，新兴业态大量涌现，还需进一步增加、明确电网个性化服务的价格机制，助力电力系统多元发展。

因此在中远期，电力价格机制建设的主要目标是：攻坚克难实现电力市场与相关市场间政策协同。要在区分市场化业务、监管业务基础上，统筹好发展与合规问题；要以打通碳市场、绿电/绿证市场为方向，建立反映电力减排贡献的价格耦合机制；要综合考虑其他市场建设情况及功能定位，建立"碳‑电‑绿证"市场协同与价格耦合机制；要基于现行环保电价发展方向并充分预判未来发展要求，推进环保电价持续优化；要考虑"双碳"政策环境变化，适时探索争取扩大财政资金支持范围及税收优惠力度。

主要措施有：一是配合地方政府做好电网监管性服务收费的核查、征收工作，研究扩大市场性服务收费，如安全备用费、综合服务收费、港口按岸电收费的可行性，科学、完整回收服务成本。二是发挥公司平台优势，积极拓展市场性质服务收费业务，营建协作共赢的电力生态圈。三是争取扩大 CCER 抵消比例上限、畅通绿证兑换渠道等方式，充分发挥 CCER 抵消机制作用。四是建立市场间耦合机制，充分反映电源价值同时防止市场主体获得超额收益或承担超额成本。五是扩大环保电价执行范围，动态调整环保电价执行标准、加强电费征收管理、通过价格机制鼓励资源循环利用。六是制定绿色贷款及绿色债券全国统一的财政贴息标准，促请政府结合地方资源禀赋、绿色产业特征、财政收支状况，构建更针对性的、多方共赢的财税政策。七是充分完善绿色税收优惠政策，通过对绿色产业的配套低税政策、对投资绿色产业的资本利得税进行税收减免等措施，助力电力系统发展。

综合不同时期我国电价机制存在问题，研究总结了 16 个电力系统价格机制紧迫性和重要性关系，见图 3-1。

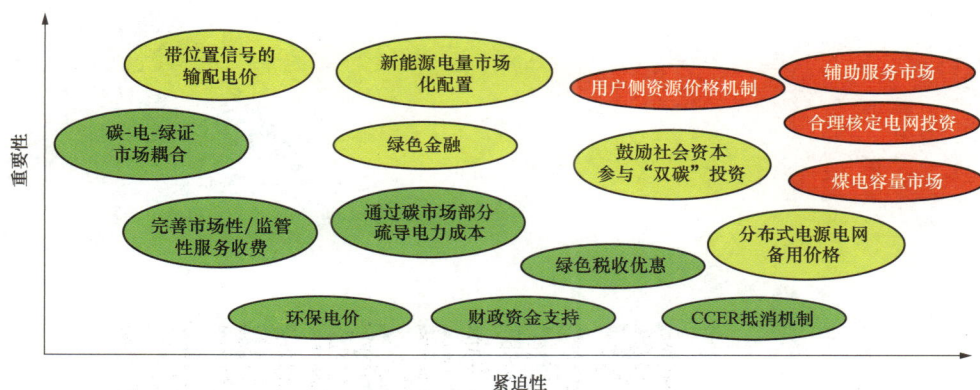

图 3-1　电价机制建设紧迫性与重要性关系

（本章撰写人：闫晓卿、孙启星、叶小宁、谭雪、朱文浩、王炳强、王雪、
刘卓然、姚力、吴聪　审核人：闫晓卿、谭雪）

4

保障机制建议

4.1 新型能源体系对能源体制机制的要求

一是能源供应安全是新型能源体系的重要特征，要求建立能源安全保障机制。我国能源对外依存度偏高，继 2017 年成为全球最大原油进口国之后，2018 年超越日本成为全球最大天然气进口国。预计 2030 年石油和天然气对外依存度将分别达到 80% 和 50%。● 但随着国际地缘政治局势不稳定因素增加，能源安全供应将面临更加严峻的挑战。实现能源高质量发展，保障国家能源安全，必须要充分重视可再生能源的较快发展、能源的多元化供应、能源的节约型消费、能源体系综合效率的提升。

二是新型能源体系要求建立完整的能源市场体系，提高能源资源配置效率。按照"管住中间、放开两头"的思路，经过多年改革，能源领域市场化力量逐步显现，电力交易机构独立规范运行、输配电价改革、燃煤市场化放开、油气管网分离等取得积极成效，但是也存在一些影响能源领域深化改革和长远发展的难题和症结亟待破解。全国统一电力市场建设等有待再突破，油气管网分离进入实质性运作阶段，市场化改革也面临攻坚。

三是新型能源体系需要有与之相适应的能源科技创新体系做支撑。能源工业是国民经济发展的基础，具有显著的技术密集型产业特点，历次能源革命都与新技术的发展密不可分，随着我国能源需求量迅速增加及资源环境约束日益加剧，建立适合我国能源发展特点的能源科技创新体系的任务更加紧迫，这是提高我国能源科技创新整体水平和国际竞争力的前提，也是实现由能源大国向新型能源体系转变的保障。

● 中国石油企业协会，对外经济贸易大学．中国油气产业发展分析与展望报告蓝皮书（2021 - 2022）［R］．2022.

4.2 措 施 建 议

4.2.1 建立健全"大能源"管理体系

加强不同能源品种政策统筹。建立综合性的能源规划机制，协调不同层级能源规划，实现主要品种能源协同规划，评估考虑重大决策对不同品种能源和能源系统整体运作的影响。统筹煤、油、气、电、碳等不同市场机制建设，在照顾能源企业和消费者承受力的前提下确保价格信号沿能源产业链有效传导，合理引导需求投资，防止价格信号传导出现瓶颈。

促进一、二次能源市场有效衔接。通过建立大宗商品储备制度、征收煤炭价格调节基金等方式，尽量平抑电煤价格波动，促进保供稳供。加速推进电力现货市场建设，不断扩大中长期、现货市场交易电价浮动范围，同时探索建立燃料价格大幅波动时的临时疏导机制，确保上游价格变动及时有效向下游传导，市场机制充分发挥引导资源配置的作用。

4.2.2 健全能源市场机制

加快能源市场建设。加快构建和完善中长期市场、现货市场和辅助服务市场有机衔接的电力市场体系。推动全国性和区域性煤炭交易中心协调发展，加快建设统一开放、层次分明、功能齐全、竞争有序的现代煤炭市场体系。深化价格形成机制市场化改革。持续深化燃煤发电、燃气发电、水电、核电等上网电价市场化改革，完善风电、光伏发电、抽水蓄能价格形成机制，建立新型储能价格机制。

引入服务能源互联网新兴主体的市场机制。引导新兴市场主体参与需求响应服务招标、长期备用容量交易等，鼓励新兴市场主体参与调频、备用等辅助服务品种交易，增强系统调节能力和运行灵活性。逐渐丰富电力市场交易品种，探索新兴主体参与的容量市场机制，并逐步引入绿证交易、期货、期权等电力金融交易品种，完善市场体系。促进各类新型灵活调节资源聚合后统一参与批发市场。

4.2.3 优化能源科技创新体制机制

建立健全能源领域国立科研体系。充分发挥新型举国体制优势，面向新型能源体系目标，集合我国各类创新主体优势资源，加大力度推动国家层面的综合性科研机构作用的发挥，建成集群化、功能集成化、布局系统化的核心科研机构、重大实验平台、重大科学装置，强化国家使命，明确管理职责、功能定位，满足我国大科学、大科技发展对重大基础设施的应用需求，同时规避多头管理所造成不必要的资源内耗，提高整体效能。

优化重大能源科技项目管理机制。按照整体设计、试点先行、逐步推进原则，面向能源领域专门组织开展国家级重大科研项目，创新项目管理方式，争取实现能源领域前瞻性基础研究、引领性原创成果重大突破，加快构建以我国为引领的未来能源技术体系，夯实世界能源科技强国建设的根基。

建立以企业为主体的创新联合体。发挥能源行业创新领军企业的引领带动作用，组建能源行业创新联合体或产业联盟，围绕新型能源体系建设过程中遇到的重大科技问题，组织推动链上主体在基础理论研究、核心技术攻关、重大标准研制、示范应用、工程应用等方面的深度合作。同时，面向能源产业共性技术，建立公共技术平台，推动创新资源的有效分工与合理衔接，实施知识产权共享、技术转移转化。

4.2.4 建立促进低碳转型的市场机制

促进绿电交易市场建设。逐步扩大绿色电力交易规模。在中长期交易中设置绿色电力交易品种并优先交易，满足市场主体出售、购买、消费绿色电力需求，提供相应的绿色电力消费认证。研究建立超额消纳量市场、绿色电力市场与绿证市场的统筹衔接机制，以实际消纳为基础促进建立统一的绿证核算、交易体系。

加强电碳市场联通。加强电－碳两个市场在目标任务、建设时序、引导市场主体行为改变等方面统筹协调，形成目标清晰、路径明确的顶层设计和发展时间表、路线图，在推动煤电结构优化、功能转换以及促进低碳投资等方面形成合力。加强碳市场政策和配额、绿证交易等可再生能源发展机制协调，避免重复激励和考核。

4.2.5 完善能源对外合作机制

保障能源开发合作安全。维护能源供应安全，探索建设全球能源安全治理新平台，开展能源安全能力建设、能源威胁情报共享、能源安全应急协调等方面合作，切实建立国际合作应急反应机制，保障能源输送通道平稳运转。探索建立国际能源价格预警机制、国际能源供应出现严重波动情况下的政策协调与危机救助机制，确保重大事件冲击情况下的能源安全。维护海外能源项目安全，完善与海外我国能源企业的协调机制，建设多部门、多单位协调配合的安全风险处理机制，设置风险预警指标，明确各类风险控制关键节点和危机处理机制，确保有效应对威胁我国企业安全经营的风险。与我国企业投资东道国政府加强常态化沟通，联合制定危机处理方案，合作保证企业经营活动顺利展开，人员财产等正当权益不受侵害。

加强市场之间的互联互通。鼓励国内交易平台加强与国外成熟能源交易平台的合作，不断丰富交易品种，建立各种互通机制，联手扩大对周边区域能源交易的影响力，形成对周边区域有示范效应的基准价格；合作开发区域油气价格指数，建立完善的油气价格监测预警体系和价格发现研究模型，为市场参与者提供权威的决策参考。通过国际组织等多边机制推动降低能源出口关税，促进能源产品在世界范围内有效配置。依托"一带一路"倡议构建能源投资新规则，促进能源跨国投资；合作加强各国对外国能源投资的法律保护，建设非歧视、稳定、公平、透明的跨国能源投资环境。推动各国根据相关国际条约的规定及自身实际情况，有序放开能源行业对外国投资的准入，不断降低外国投资门槛。

积极引领国际能源治理。强化现有国际组织框架下的能源合作。持续推进现有多边框架下的能源战略、规划、政策和实践经验的分享和交流，不断提高我国主导议题的影响力，争取在能源安全、能源贸易、能源投资领域建立更高水平、更具约束力的治理机制，维护国际能源市场的稳定。

（本章撰写人：李睿、田士君、张凡、闫晓卿、王琢璞
审核人：闫晓卿、贾渭方）

参 考 文 献

［1］ 中国工程院"推动能源生产和消费革命战略研究"课题组．构建新型能源体系
［R］．2017．

［2］ 刘中民．构建新型能源体系促进能源技术绿色低碳转型发展［N］．中国电力报，2022 -
04 - 22．

［3］ 习近平．高举中国特色社会主义伟大旗帜为全面建设社会主义现代化国家而团结奋斗——
在中国共产党第二十次全国代表大会上的报告［EB/OL］．2022 - 10 - 16．https：//
www. 12371.cn/2022/10/25/ARTI16-66705047474465.shtml．

［4］ 左前明，周杰．石油、天然气、煤炭比价关系研究［R］．2022 - 03 - 25．

［5］ 赵宏图．能源政治新生态与全球能源治理［J］．当代世界，2023（02）：10 - 15．

［6］ 李金泽，张国生，梁英波，等．中国新型能源体系内涵特征及建设路径探讨［J］．国
际石油经济，2023，31（09）：21 - 27．

［7］ 中国电力企业联合会．中国电力行业年度发展报告 2023［R］．2023．

［8］ 彭博新能源财经（BNEF）.2021 年全球风电整机制造商市场份额排名［R］．2022 -
03 - 23．

［9］ 云能智库．城市级综合能源规划顶层设计及政策机制［EB/OL］．2018 - 12 - 11．ht-
tp：//www. sgcio. com/news/zh/103113.html．

［10］ 国际能源署（IEA）.2023 年世界能源展望［R］．2023 - 10 - 24．

［11］ 中国石油企业协会，对外经济贸易大学．中国油气产业发展分析与展望报告蓝皮书
（2021—2022）［R］．2022．

致　谢

《新型能源体系发展展望 2023》在编写过程中，得到能源电力业内知名专家的大力支持，在此表示衷心感谢！

诚挚感谢以下专家对本报告的框架结构、内容观点提出宝贵建议，对部分基础数据审核把关：

宋　雯　杨　珺　张　克　王立新　赵红噶　王志轩　王能全